Hildegard von Bingen
Heilsteine

Evelyn Thomsen

Hildegard von Bingen

Heilsteine

für Körper, Geist
und Seele

Seehamer Verlag

Hinweis des Verlages

Die Edelsteinbehandlung ersetzt nicht den Besuch beim Arzt. Wenn ein bestimmtes Krankheitsbild häufig auftritt oder Ihnen unerklärlich ist, sollten Sie auf jeden Fall den Arzt oder Heilpraktiker zu Rate ziehen und ggf. eine ergänzende Behandlung mit Hildegard-Steinen mit ihm absprechen. Die in diesem Buch dargestellten Rezepte und Informationen wurden nach bestem Wissen und Gewissen zusammengestellt. Bedenken Sie bitte trotzdem, daß jeder Mensch aufgrund körperlicher und seelischer Konstitution anders reagieren kann, manche Reaktionen auf die Edelsteine also schneller oder langsamer erfolgen können. Eine Haftung oder Wirkgarantie kann nicht übernommen werden. Ferner ist es ratsam, vor dem Einsatz der genannten Kräuter, Gewürze etc. geeignete Rezepte in einem Hildegard-Naturheilbuch nachzulesen oder sich in spezialisierten Apotheken/Läden beraten zu lassen.

Dank
Besonderer Dank gilt der Firma KURMA Edelsteine, Augsburg –
Patricia Ganzenmüller und Jürgen Gräf für die Beratung, Auswahl und
Bereitstellung der Steine.

© 1998 Seehamer Verlag GmbH, Weyarn
und Medien-Agentur Gerald Drews, Augsburg
Alle Rechte vorbehalten
Gestaltung: Bine Cordes, Weyarn
Abbildungen im Buch: Klaus Lipa, Augsburg
Printed in Austria
ISBN 3-932131-45-2

Inhalt

Leitwort für dieses Buch

(aus den Hymnen Hildegards)

Du hast die Seele erobert
von innen heraus,
hast Wurzeln gezogen
aus dem Samen des Wortes,
um zu vollenden das Werk
unseres Vaters.

Vorwort

Wir stehen kurz vor dem Ende eines bewegten Jahrhunderts, das umwälzende Neuerungen in jeden Lebensbereich des Menschen brachte. An der Schwelle ins Jahr 2000 begleiten uns Hoffnungen, Pläne, vielleicht auch Ängste. In ein ähnliches Zeitempfinden – in eine Welt des Aufbruchs – wurde Hildegard von Bingen geboren.

Hildegard von Bingen „brach auf" in die zurückgezogene Welt des Klausner- und Klosterlebens, um zu einer Fülle von Erfahrungen durch göttliche Eingebungen zu gelangen. Ihre Visionen zu theologischen Themen, zu naturmedizinischen Behandlungsweisen und psychologischem Wissen schrieb die Äbtissin in fünf großen Buchwerken nieder.

Nach ihrem Tod im Jahr 1179 ruhten ihre Schriften einige Jahrhunderte hinter Klostermauern, bis, mit der Errungenschaft des Buchdrucks, im Jahr 1513 erstmals ihr Buch „Scivias" („Wisse die Wege") in Paris veröffentlicht wurde und im Anschluß daran auch ihre anderen Werke. Vor mehr als vierzig Jahren waren es der Arzt Dr. Gottfried Hertzka aus Konstanz und einige andere Anhänger der natürlichen Heilweisen Hildegards, die daran arbeiteten, dieses Wissen „wiederzubeleben" und auf praktisch umsetzbare Weise für heutige Bedürfnisse nutzbar zu machen.

In ihrem Werk „Physica" schreibt Hildegard von Bingen über die Steine, und mit dem vorliegenden Buch möchte ich Ihnen die Edelstein-Rezepte und Anwendungsindikationen daraus vorstellen.

Wo es mir angebracht erschien, habe ich einige Anregungen meinerseits hinzugefügt, da manche Krankheitsbeschreibungen irreführend sein könnten.

Was mich an Hildegards Schriften ganz besonders fasziniert, ist deren Impuls, sich über die Ursache seiner Beschwerden klar zu werden und daraufhin den individuell richtigen Heilstein zur Behandlung auszuwählen. Sie werden feststellen, daß die Nuancen der Edelsteinanwendung oft fein sind, aber sie sind vorhanden. Mit der Zeit, wenn Sie das Wesen der einzelnen Steine kennengelernt haben, werden Sie selbst ein Gespür dafür entwickeln, welcher Stein Ihnen guttut.

Entdecken werden Sie auch einige von Hildegards „Heilmitteln aus der Küche". In manchen Fällen kombiniert die Äbtissin bestimmte Nahrungsmittel und Edelsteine; diese Rezepte sind in den jeweiligen Kapiteln erwähnt. Ergänzend dazu finden Sie stichwortartig zusammengefaßt weitere Gewürze, Kräuter und Nahrungsmittel, die Hildegard von Bingen ebenfalls für das gleiche Leiden nennt und die eine Edelsteintherapie ergänzen können. So ergibt sich ein umfassendes Nachschlagewerk zur Behandlung unterschiedlichster Beschwerden und Krankheiten.

Wer sich auf Hildegard einläßt und glaubt, er habe es mit einer frömmelnden Klosterfrau zu tun, der irrt. Hildegard ist aktuell, ist ursprünglich, ist direkt. Viele Male hat sie in ihrem Leben bewiesen, daß Gottverbundenheit und Bodenständigkeit sich nicht ausschließen müssen. Sie sieht den Menschen stets als Ganzheit aus Körper, Geist und Seele. Es geht ihr damit um eine Ganzheitlichkeit, wie wir sie heute als „moderne" Menschen dringender denn je suchen und brauchen. Und das ständig wachsende Interesse an der Hildegard-Medizin spricht für sich selbst: Gerade heute, 900 Jahre nach Hildegard, ist die Zeit reif für gottgegebene Gesundheit. Ich möchte Sie dazu einladen, mit diesem Buch einen Schritt in diese Richtung zu gehen.

Ihre Evelyn Thomsen

Das Leben der
hl. Hildegard von Bingen

1098: Hildegard wird als zehntes Kind der Edelfreien Mechthild und Hildebert von Bermersheim auf Gut Bermersheim bei Alzey geboren. (Unter dem Beinamen „von Bingen" geht sie in die Geschichte ein, weil sie ein Kloster gegenüber der Stadt Bingen errichten ließ.)

1106: Als Achtjährige wird sie der Klausnerin Jutta von Spanheim zur klösterlichen Erziehung übergeben. Hildegard und ein weiteres Mädchen leben danach in der Frauenklause auf dem Disibodenberg, die dem Benediktiner-Mönchskloster angeschlossen ist.

Zwischen 1112 und 1115 legt Hildegard das Ordensgelübde ab, sie wird Nonne, aber keine Klausnerin. Immer noch leitet Jutta von Spanheim die Klause, die zwischenzeitlich zu einem kleinen Frauenkloster angewachsen ist.

1136: Jutta von Spanheim stirbt, und Hildegard wird von den übrigen Nonnen zur Äbtissin, zur Leiterin des Klosters gewählt.

1141: Hildegard erhält von Gott den Auftrag, ihre Visionen niederzuschreiben. Ihr erstes Buch ist das „Liber Sicivias (Wisse die Wege)", an dem sie mehrere Jahre schreibt. Da sie der lateinischen Sprache nur unvollkommen mächtig ist, wird ihr vom Abt des Männerklosters der Mönch Volmar, ihr einstiger Lehrer, zur Unterstützung zugeteilt. Der Überlieferung nach, steht ihr auch die Nonne Richardis von Stade zur Seite.

Zwischen 1146 und 1147: Der Papst bestätigt Hildegards Sehergabe und fordert sie in einem Brief auf, ihre Schriften weiterzuführen.

1150: Hildegard und ihre Nonnen übersiedeln in das von ihr neugegründete Frauenkloster auf dem Rupertsberg.

1151-1158: schreibt Hildegard die medizinischen Werke: „Liber simplicis medicinae (Physica)" und „Liber compositae medicinae (Causae et Curae)".

1158: Hildegard unternimmt ihre erste Predigtreise. Stationen sind u. a. Mainz, Wertheim, Würzburg, Bamberg.

1158-1163: Hildegard schreibt ihr viertes Buch, das „Liber vitae meritorum (Buch der Lebensverdienste)".

1160: Die zweite Predigtreise führt Hildegard über Trier nach Lothringen.

1161-1163: Hildegard unternimmt die dritte Predigtreise mit Stationen in Boppard, Siegburg, Köln.

1163-1173: Hildegard verfaßt ihr fünftes Buch, das „Liber divinorum operum (Buch der Gotteswerke)".

1165: Hildegard gründet ein weiteres Kloster (Kloster Eibingen) oberhalb von Rüdesheim. Sie besucht es zweimal pro Woche.

1170: Vierte Predigtreise von Hildegard mit Stationen in Maulbronn, Hirsau und Zwiefalten.

1173: Hildegards langjähriger Mitarbeiter Mönch Volmar stirbt. Mönch Gottfried tritt seine Nachfolge an; er verfaßt später die „Hildegardvita".

1177: Mönch Gottfried stirbt und seine Stelle übernimmt Mönch Wibert.

1178: Hildegard läßt einen ehemals exkommunizierten Edelmann auf dem Friedhof des Klosters beerdigen. Daraufhin verhängt die Domkanzlei zu Mainz das Interdikt über das Kloster. Es darf kein Gottesdienst mehr gefeiert werden. Hildegard kämpft einige Zeit um ihr Recht, schließlich wird das Interdikt aufgehoben.

17. September 1179: Hildegard stirbt in der Nacht von Sonntag auf Montag.

Hildegard –
eine „schwache" starke Frau

Die vorgenannten Lebensdaten der Hildegard von Bingen machen deutlich, daß diese Frau eine enorme Persönlichkeitsentwicklung durchlebt hat. Nicht umsonst werden sie und ihr Charakter als „schillernd" bezeichnet. Tatsächlich haben einige Aspekte ihr Leben entscheidend geprägt, und sie barg recht unterschiedliche Persönlichkeitsanteile in sich:

Hildegard – die Gottversprochene

Ihre Eltern entdeckten bei Hildegard schon in ihrer frühesten Kindheit, daß sie „Gesichte" hatte, das heißt visionäre Erscheinungen wahrnahm. Eine überlieferte Geschichte erzählt, wie Hildegard ein noch ungeborenes Kälbchen auf der Wiese grasen sah. Sie beschrieb es den Eltern bis ins Detail. Als das Kalb zur Welt kam, staunte man – es hatte genau jene Zeichnung, wie sie von Hildegard geschildert worden war. Für die streng gläubigen Eltern war die Visionsgabe Hildegards ein Zeichen Gottes, der schon bei der Geburt seine Hand auf ihr Kind gelegt haben mußte. Zum einen aus diesem Grund, zum anderen, weil es damals in Adelsfamilien üblich war und als sehr ehrenvoll galt, übergaben sie Hildegard im Alter von acht Jahren in die Obhut der Klausnerin Jutta von Spanheim, die mit der kleinen Hildegard (und einem weiteren Mädchen) die neugegründete Frauenklause des Klosters Disibodenberg bezog. Das bedeutete für Hildegard, daß sich ihr Leben für viele Jahre in nahezu völliger Abgeschlossenheit zur Außenwelt abspielte.

Hildegard – die Gläubige

Hildegards Leben war geprägt von strengen Benediktinerregeln, die ein Leben in Armut, Keuschheit, Ortsgebundenheit und Gehorsam forderten. Das geistliche Leben, so das Beten von Psalmen, Lesen der Heiligen Schrift und das Singen gregorianischer Choräle, teilten die Klausnerinnen mit den Mönchen. Die praktische Arbeit bestand aus der Bestellung des Gartens, aus Nähen, Weben, Sticken etc. Ihre Sehergabe hielt Hildegard bis auf wenige Ausnahmen aus Bescheidenheit geheim. Im Alter von etwa 15 (!) Jahren entschied sie sich endgültig für das Leben einer Nonne und legte das Ordensgelübde (etwa 1113) ab. Bis zum Jahr 1136 (dazwischen gibt es keine einschneidenden Daten) verlief ihr Leben wohl in sehr zurückgezogenen Bahnen. Unter der Leitung von Jutta von Spanheim war die Frauenklause zwischenzeitlich zu einem kleinen Frauenkloster herangewachsen. Da Hildegard der Äbtissin Jutta sehr nahestand, dürfte sie zur Aufbauarbeit des Klosters viel beigetragen haben. Als Jutta von Spanheim im Jahr 1136 starb, wurde Hildegard einstimmig als deren Nachfolgerin zur Äbtissin gewählt. Nach anfänglichem Zögern aus Angst, der Aufgabe nicht gewachsen zu sein, nahm Hildegard die Aufgabe an.

Hildegard – die Schreibende

Fünf Jahre nach ihrer Wahl zur Äbtissin erhielt Hildegard von Gott den Auftrag, ihre Visionen niederzuschreiben: „Tu kund die Wunder, die du erfährst. Schreibe sie auf und sprich", lautete der göttliche Auftrag an sie. Hildegard sträubte sich vehement. Bedenken Sie bitte: Hildegard war 42 Jahre alt, zeit ihres Lebens zur Bescheidenheit angehalten und mit einem Frauenbild, das Zurückhaltung gebot, aufgewachsen. Immer wieder bezeichnete sie sich selbst außerdem als ungebildet und nicht würdig, diese Arbeit zu tun. Erst nachdem sie sich ihrem früheren Lehrer, dem Mönch Volmar, anvertraut hatte und durch diesen die Genehmigung des Abtes Kuno erhielt, begann sie mit dem Schreiben. Aus einem Briefwechsel, den sie mit dem Mystiker und Kirchenlehrer Bernhard von Clairvaux führte, ist zu entnehmen, welch große Selbstzweifel sie trotzdem noch an ihrer Arbeit hatte. Dies änderte sich im Grunde erst, als (vermittelt durch v. Clairvaux) der Papst 1147 ihre Visionen und Werke anerkannte. Insgesamt schrieb Hildegard von Bingen fünf Bücher.

Hildegard – die Kränkliche

Zeitlebens wurde Hildegard von Krankheiten gequält. In ihrem Alterswerk „Liber divinorum operum (Divop)" schilderte Hildegard sich selbst als Menschen, der von Gott durch Krankheiten geprüft wurde: „ Vom Tage ihrer Geburt an wurde sie (Hildegard) in ein Netz von Schmerzen und Schwächen verstrickt. Ununterbrochen wurden ihre Adern, ihre Markstränge, all ihr Fleisch von Schmerzen gequält. Gott gefiel es nicht, sie davon zu lösen, damit ihre vernünftige Seele im Gehäuse manche der Geheimnisse Gottes geistig schauen könne... Ihre Anlage hat sie von der Luft. Von der Luft haftet ihr deshalb auch eine Schwäche an, vom Regen, dem Winde und jeder Witterung, so daß ihr Fleisch sie nie in sicherer Ruhe läßt. Aber sonst könnte die Eingebung des Heiligen Geistes sie gar nicht anrühren..." Gerade der letzte Satz macht deutlich, wie überzeugt Hildegard davon war, daß sie die Gnade der Sehergabe mit Krankheit „bezahlen" mußte. Die geschilderten Krankheitsneigungen können den ganzen Körper Hildegards beeinflußt haben. In ihrer Edelstein-Heilkunde fällt auf, daß sie viele Rezepte für Fieber, Herz- und Magenschmerzen, Augenschwäche sowie zur Abwehr von negativen Energien (Luftgeister) nennt.

Hildegard – die Aktive

Hildegard wurde immer bekannter, und ein Platz in ihrem Kloster war begehrt. Sie galt im übrigen als sehr standesbewußte Äbtissin, die keine bürgerlichen Mädchen oder Frauen in ihr Kloster aufnahm. Dennoch konnte sie sich über regen Zulauf in ihr Kloster freuen, so daß die Räumlichkeiten auf dem Disibodenberg bald viel zu klein wurden. Hildegard faßte den Plan, ein neues Kloster bauen zu lassen. Sie wurde mit einigen Herausforderungen konfrontiert. Es galt, Gelder zu beschaffen, einen Bauplatz auszuwählen und die Arbeiten zu organisieren. Nicht zuletzt mußte sich Hildegard mit Abt Kuno auseinandersetzen, der ihr Vorhaben als undankbar betrachtete (jetzt, wo sie immer berühmter wurde) und erst nach längerer Überzeugungsarbeit zur Kooperation bereit war. Im Jahr 1150 übersiedelte Hildegard mit ihren Nonnen in das neuerbaute Kloster auf den Rupertsberg, gegenüber von Bingen. Ihre Tatkraft bewies Hildegard ein zweites Mal - im Jahr 1165 gründete sie ein zweites Kloster (Eibingen), das sie zweimal pro Woche besuchte.

Hildegard – die Rednerin

„Geh hinaus und predige den Menschen Gottes Wort!" wurde Hildegard in einer weiteren Vision von Gott aufgefordert. Hildegard, inzwischen selbstbewußt und in Anbetracht der gespaltenen Lage von Religion und Politik, zögerte nicht lange. Ihre erste Predigtreise unternahm die bereits 60jährige im Jahr 1158; Stationen waren die Städte Mainz, Wertheim, Würzburg, Kitzingen etc. Ihre flammenden Reden gegen die Verweltlichung und moralische Verwässerung wurden ebenso gefürchtet wie geschätzt. Sie war bekannt dafür, die Mißstände in aller Deutlichkeit anzuprangern. Insgesamt unternahm sie vier Predigtreisen, die letzte im Alter von 72 Jahren (1170).

Hildegard – die Kämpferin

Wie groß ihr Durchsetzungsvermögen und ihr Gottesglaube war, bewies Hildegard in hohem Alter noch einmal. Im Jahr 1178 bat ein junger Adliger auf seinem Sterbebett, auf dem Friedhof des Rupertsberges begraben zu werden. Hildegard willigte ein, und kurz darauf stellte sich heraus, daß es sich um einen exkommunizierten Verbrecher handelte. Hildegard weigerte sich, den Toten aus der geweihten Erde entfernen zu lassen. Ihrer Meinung nach war er, da er seine Sünden bereut und gebeichtet hatte und mit den hl. Sakramenten versehen war, eines christlichen Todes gestorben. Da verhängte die Domkanzlei zu Mainz ein Interdikt über das Kloster Rupertsberg - es durfte kein Gottesdienst mehr gefeiert werden. Die 82jährige Hildegard trug ihre Verteidigungsrede persönlich vor den Prälaten im Mainzer Domkapitel vor. Sie hatte keinen Erfolg und schrieb daraufhin an Erzbischof Christian von Buch, der das Recht der Rupertsbergerin anerkannte und nach einigen Wirren das Interdikt aufheben ließ.

Hildegard – die Heimgekehrte

An dem Tag, der ihr vorausgesagt war, am 17. September 1179, starb Hildegard von Bingen im Kreise ihres Konvents. In der „Hildegardvita" beschrieb Mönch Theoderich das Lichterlebnis, das die Anwesenden sahen: „... Als sich die kleinen rotschimmernden Kreuze am Firmament verbreitet hatten, schienen sie sich zur Erde auf das Haus hinzuneigen, in dem die hl. Jungfrau heimgegangen war und hüllten den ganzen Berg in ein strahlendes Licht."

Sieben Säulen auf dem Weg
zur Ganzheitlichkeit

„Der Mensch ist die ganze Welt" heißt einer der zentralen Sätze der hl. Hildegard, der uns zu einer komplexen und offenen Sichtweise auffordert. Nicht gemeint ist damit, daß der Mensch sich als „Baumeister der Welt" verstehen soll; diese Rolle kommt allein Gott zu. Vielmehr soll er sich als – verletzlichen – Teil (Mikrokosmos) des – verletzlichen – großen Ganzen (Makrokosmos) erfahren und begreifen. Der bewußte Umgang mit der Natur und die Nutzung ihrer vielfältigen Heilkräfte bringt uns diesem Erfahren näher. Unverzichtbar auf dem Weg zur ganzheitlichen Gesundheit sind nach Hildegard die folgenden sieben Säulen (Tugenden), die dem Menschen zu seelisch-geistiger Weiterentwicklung verhelfen. In diesen Tugenden liegt auch heute noch die Antwort auf viele Themen, die uns beschäftigen.

Der Glaube

Ohne Glaube können Angst, Verzweiflung und Sorgen wachsen wie ein Geschwür. Der Glaube gebietet dem Einhalt und gibt Halt in schwierigen Zeiten. Oft finden wir erst nach einem mühevollen Weg der „Glaubensfreiheit" zum Glauben an eine höhere Macht. Doch wenn wir uns öffnen und feinfühlig werden für die kleinen Zeichen Gottes, liegt darin der Weg zum Glück.

Die Demut

In unserer „Ellenbogenzeit" von Demut zu sprechen, scheint weltfremd. In der Demut jedoch liegt die Kraft, den eigenen Hochmut zu überwinden und Selbstüberschätzung und die darin liegenden Gefahren zu erkennen. Demut heißt, abwarten zu können, anderen wirkliche Achtung zu schenken und still sein zu können. Ehrliche Demut führt zu tiefer Zufriedenheit.

Die Liebe

Alles, was mit Liebe erfüllt ist und getan wird, hat Bestand. Liebevolle Gefühle und Gedanken beflügeln uns, machen uns und andere glücklich. In der Liebe zu Gott, zu anderen, zu uns selbst und zu den kleinen Dingen des Alltags steckt die große Kraft der Heilung an Körper, Geist und Seele.

Die Gottesfurcht

Mit diesem Begriff ist die Ehrfurcht vor Gott gemeint. Sie erwacht, wenn man sich öffnet, still wird und sich die Großartigkeit der Schöpfung bewußt macht. So erfährt man sich als Teil des Ganzen, fühlt göttliche Liebe und Geborgenheit. Auch die Ehrfurcht soll uns vor Selbstüberschätzung, vor Verzweiflung und Egoismus bewahren.

Der Gehorsam

Der Bezug richtet sich hier auf die göttlichen Gebote, die zum rechten Handeln und Maßhalten in jedem Lebensbereich mahnen. Der von Hildegard geforderte Gehorsam birgt also sowohl Selbstdisziplin als auch Demut in sich. Wir haben beides in uns, und nennen es oft Intuition. Im Grunde wissen wir intuitiv immer, welches der rechte – wenn auch oft der mühsamere – Weg für uns ist.

Die Keuschheit

Aus der reinen Liebe entwickelt sich innere Stärke und daraus Keuschheit und Ablehnung gegen Begierden und Laster. Im Sinne der hl. Hildegard ist Keuschheit auch die Fähigkeit, seiner inneren Weisheit zu folgen und schädigende Einflüsse, Versuchungen und negative Gedanken abzuwehren.

Die Hoffnung

Nichts ist so vage und dennoch so kraftvoll wie die Hoffnung. Ohne Hoffnung geben wir uns schon vor dem Kampf verloren, mit Hoffnung können wir ihn bestehen. Im täglichen Leben beflügelt uns die Hoffnung und nährt uns mit ihrer Energie.

Edelsteintherapie
nach der hl. Hildegard

Hildegard von Bingen setzte sich intensiv mit einer Vielzahl von gesundheitlichen Störungen auseinander, die sich auf der geistig-seelischen Ebene zum Ausdruck bringen (z. B. Depression) und/oder sich in organischen Schäden manifestieren können. Sie bringt Krankheit mit dem biblischen Sündenfall des Menschen, bei dem dieser aus dem Paradies vertrieben wurde, in Verbindung. Mit der Krankheit soll die Ur-Schuld erkannt und nach dem Erlösungsprinzip abgetragen werden. Die Edelsteine spielen dabei eine wichtige Rolle:

„Ursprünglich hatte Gott den Luzifer, den schönsten Lichtengel, mit Edelsteinen geschmückt.... In seinem (Luzifers) Hochmut wollte er Gott gleich sein. Daher wurde er aus dem Himmel vertrieben. Bei diesem Sturz des Teufels wurde seine Kraft auf die Edelsteine übertragen. Daher werden sie vom Teufel gemieden, und er erschaudert vor ihnen bei Tag und bei Nacht."

Von der Edelsteintherapie des Mittelalters unterscheiden sich Hildegards Rezepte. So riet die zeitgenössische Edelsteintherapie häufig zur Einnahme von gepulverten Edelsteinen bzw. Mixturen aus Edelsteinen („Electuarium ex gemmis"). Hildegard läßt die Heilsteine stets in ihrer Ganzheit wirken; einzige Ausnahme: Beryll-Pulver, das sie als Gegengift empfahl.

Die Urkraft in den Edelsteinen

Mit metaphorischen Darstellungen schildert Hildegard von Bingen die Edelsteinentstehung:

„Im Osten aber und in jenen Gegenden, in denen sehr große Sonnenglut herrscht, entstehen die Edelsteine und Juwelen. Denn die Berge, die sich in jenen Landstrichen finden, sind von der Sonnenhitze heiß wie Feuer; auch die Flüsse, die in den Gegenden fließen, sieden durch die überaus große Glut der Sonne ständig. Wenn daher hin und wieder jene Flüsse in einer Überschwemmung über die Ufer treten und anschwellend an diesen glühend heißen Bergen hochsteigen, dann werfen diese sonnendurchglühten Berge, von jenen Fluten berührt, an einigen Stellen, wo das Wasser mit dem Feuer zusammenkommt, eine Art Schaum aus, das heißt, sie „singelent" (sprühen), wie es etwa glühendes Eisen oder ein glühender Stein tut, wenn Wasser über ihn gegossen wird; und genauso hängt an jener Stelle dieser Schaum wie Leim und erhärtet in drei oder vier Tagen zu einem Edelstein.

Wenn nun die Überflutung durch jene Wasser aufhört, so daß jene Wasser wieder in ihr Bett zurückgehen, trocknet der Schaum, der an verschiedenen Stellen in jenen Bergen hängengeblieben war, in der Sonnenglut, je nach den verschiedenen Tageszeiten und ihrer Temperatur. Daher bekommen sie (die Edelsteine) auch, nach der Temperatur jener Tageszeiten, ihre Farben und ihre Kräfte und lösen sich, durch die Austrocknung zu Edelsteinen gehärtet, wie Schuppen von ihren zahlreichen Plätzen und fallen in den Sand. Wenn aber dann eine neue Überschwemmung jene Flüsse anschwellen läßt, reißen die Fluten viele von den Steinen hoch und bringen sie in andere Gegenden, wo sie schließlich von den Menschen gefunden werden. Wegen der zahllosen großen Edelsteine, die in besagter Weise auf ihnen entstehen, leuchten diese Berge dort hell nach Art des Tageslichts..."

Die starken Bilder, die Hildegard verwendet, machen eindrucksvoll die Kraftorte deutlich, an denen die Edelsteine

„geboren" werden. Sie sind den Weg durch Feuer, Wasser und Druck gegangen. In dieser Symbolik liegt ihre feinstoffliche Wirkung und Heilkraft, die Hildegard folgendermaßen beschreibt:

„...daher haben sie Wärme und Feuchtigkeit in sich und besitzen auch viele Kräfte und Wirksamkeiten, derart, daß sehr vieles mit ihrer Hilfe bewerkstelligt werden kann; freilich nur solches, was gut und sittlich wertvoll und nützlich für den Menschen ist..."

Die Wirkweise der Edelsteine

Die visonäre Edelsteinentstehung nach Hildegard läßt ahnen, welche Fülle an kosmischer Ur-Energie und spezifischer Ur-Information Edelsteine in sich bergen. Diese Ursprünglichkeit vermitteln sie an uns Menschen. Sie können veränderte, degenerative und disharmonische Schwingungen aufnehmen und aktivieren den Prozeß der Wiederherstellung der Ursprünglichkeit (z. B. zur ursprünglichen Gesundheit, Zufriedenheit, Gelassenheit etc.). Dieser Einfluß der Edelsteine vollzieht sich über die feinstoffliche Ebene.

Die Physik liefert dafür eine wissenschaftliche Erklärung. Da die Schwingung der Edelsteine im Frequenzbereich der Schwingungen liegt, die von Körperzellen ausgehen, können die Edelsteine regulierend auf das Zellsystem einwirken. So benötigt jede Zelle für ihre Funktion(en) eine ganz bestimmte Strahlung/Schwingung, um ihren gesunden Ablauf erhalten bzw. wiedererlangen zu können.

Wie von der modernen Edelstein- und Farbtherapie bestätigt, schwingt zudem jeder Körper- und Sinnesbereich in ganz bestimmten Farben, beispielsweise werden dem Herzbereich grüne Edelsteine zugeordnet. Parallelen findet man in den Beschreibungen der hl. Hildegard. Auch sie nennt bei den grünen Steinen u. a. Wirkweisen, die direkt oder indirekt (über Geist und Sinne) zur Heilung bzw. Regeneration des Herzens beitragen.

Kommt also der entsprechende Edelstein mit der kranken Körperzone in Kontakt, tritt ein energetisches „Transportsystem" in Aktion. Die Edelsteinschwingung wird dorthin geleitet, wo sie benötigt wird, z. B. zu einem Organ, um das gestörte Energiefeld (das auch seelisch-geistiger Art sein kann) zu harmonisieren.

Die praktische Anwendung von Edelsteinen

Durch Edelsteine kann ein sehr individueller und direkter Kontakt zur Krankheit/Problematik geschaffen werden. Nicht von ungefähr empfiehlt Hildegard von Bingen recht unterschiedliche Anwendungsformen für den Einsatz von Edelsteinen. Ich habe schon in vielen Fällen feststellen können, wie die empfohlenen Rezepte dem Wesen einer Krankheit oder eines Problembildes entsprachen.

Es ist ein Unterschied, ob man einen Stein „nur" bei sich trägt oder ob man das aus ihm hergestellte Edelsteinwasser trinkt. So erkennt Hildegard in ihren Rezepten gewissermaßen die „Wellenlänge" der Krankheit und stellt dar, wie der Heilstein im jeweiligen Fall eingesetzt werden soll. Bei den Edelstein-Rezepten der hl. Hildegard lassen sich vier Anwendungsformen (jeweils mit individuellen Rezepten) von Heilsteinen unterscheiden.

1. Das Elixier

(Edelsteinwasser). Zur Herstellung legt man einen Edelstein in einen Glaskrug, der dann langsam mit Quellwasser, qualitativ gutem Leitungswasser oder kohlensäurefreiem Mineralwasser gefüllt wird. Der volle Krug wird dann nach Möglichkeit in die Sonne gestellt, da Sonne (und Wind) den Energieaustausch des Steines an das Wasser aktivieren. Nach etwa drei bis vier Stunden ist das Wasser energetisch mit den Schwingungen des Steines angereichert. An trüben Tagen verwende ich Bergkristallspitzen, die den Energieaustausch ebenfalls anregen.

Dazu werden am besten vier Bergkristallspitzen (symbolisch für die vier Himmelsrichtungen) um den Glaskrug gelegt, z. B. am Abend. Am nächsten Morgen können Sie dieses Edelsteinwasser trinken oder nach dem jeweiligen Rezept verwenden. Meiner Erfahrung nach ist das Edelsteinelixier eine sehr schöne Möglichkeit, die Ur- und Heilinformation des Steines zu verinnerlichen, so daß sie von jeder Zelle des Körpers aufgenommen werden kann.

2. Das Tonikum
(Edelsteinwein). Bei dieser Methode wird der Edelstein in Wein gelegt. Durch die Sonnenkraft, die der Wein in sich trägt, wird der Energieaustausch vom Stein an den Wein aktiviert. Je nach Hildegard-Rezept legt man den Stein einige Zeit vor dem Trinken direkt in das Weinglas und man läßt ihn dort, bis das Glas geleert oder die über dem Stein stehende Weinmenge getrunken ist. Oder es wird eine größere Menge Edelsteinwein hergestellt (zum Teil wird der Wein gekocht), und die Steine werden vor dem Trinken entfernt.

Für mich ist es immer wieder eine intensiv bereichernde Erfahrung, im Edelsteinwein die irdische Kraft des Weines in Verbindung mit den kosmischen Kräften der Sonne und Edelsteine zu spüren.

3. Die Ensalivation
(Wesenserweckung des Steines durch Einspeichelung). Recht oft empfiehlt Hildegard von Bingen, den Edelstein direkt – für kurze oder längere Zeit – in den Mund zu nehmen.

Dies ist eine sehr intensive und intime Art, das Wesen eines Steines zu erleben. Durch den Speichel „öffnet" sich der Stein, und seine Energie verschmilzt direkt mit dem Energiekreislauf des Menschen. Weitere Arten der Ensalivation sind das Ablecken oder Anhauchen des Steines.

4. Das Tragen des Steines.
(Hautkontakt). In vielen Fällen empfiehlt Hildegard von Bingen,

den Stein bei sich zu tragen, z. B. in der Hand, als Kette über einer Ader oder in einem Säckchen. Wichtig ist der meditative Blickkontakt zum Stein, den auch Hildegard mehrmals erwähnt. Damit werden die heilsamen Schwingungen über die Sinne – die Augen – aufgenommen und an den Emotionalkörper des Menschen weitergeleitet.

Gerade bei seelischen Belastungen und Problemen kann es sehr tröstlich sein, den Stein bei sich zu spüren. Direkt auf der Haut getragene Steine wirken sich meist rasch auf der körperlichen Ebene aus, beispielsweise tritt ein Entspannungseffekt ein. Die harmonisierenden Schwingungen wirken dabei bis in die Aura hinein.

Heilung aus der Küche

Die „Gesundheitsapotheke" der hl. Hildegard beschränkt sich nicht auf Edelsteine; Hildegard beschreibt auch Pflanzen, Heilkräuter und bestimmte Lebensmittel als Heilmittel. Manche davon bringt sie in Verbindung mit Edelsteinen und nennt eine gemeinsame Anwendung, beispielsweise den Smaragdwein oder die Smaragd-Bohnenmehlspeise. Die kombinierten Rezepte sind in den einzelnen Edelstein-Kapiteln dargestellt. Dort finden Sie in Stichworten noch weitere „Heilmittel aus der Küche", die Hildegard ebenfalls zum beschriebenen Beschwerdebild und unabhängig von Edelsteinen empfiehlt. So können Sie Ihre persönliche Edelsteintherapie mit dem einen oder anderen Gewürz noch ergänzen. Da Hildegard natürliche Heilmittel in großer Anzahl nennt, kann hier nur ein kleiner Auszug aufgezeigt werden. Beim Einsatz von natürlichen Heilmitteln kommt es insbesondere darauf an, daß die Ursache der Beschwerden erkannt wird. Beispielsweise können Kopfschmerzen aus verschiedenen Gründen auftreten, weshalb auch das Heilgewürz jeweils variieren kann.

Einige Apotheken, Reformhäuser oder Hildegard-Läden haben sich auf Hildegard-Produkte spezialisiert und können

im Einzelfall Rezepte-Tips geben. Dort sind auch fertige Mischpulver, wie die von Hildegard mehrmals empfohlene und übri-
gens sehr wirkungsvolle Muskat-Zimt-Nelken-Mischung, erhält-
lich. Je nach gesundheitlicher Störung sollte der individuelle
Einsatz eines natürlichen Heilmittels mit einem auf Hildegard-
Medizin spezialisierten Arzt oder Heilpraktiker abgestimmt
werden.

Smaragdus – Smaragd

„Der Smaragd entsteht in der Morgenfrühe, wenn die Sonne aufgeht und mit Macht ihren Kreislauf beginnt. Zu dieser Zeit ist das Grün der Erde und der Pflanzen am kräftigsten, weil die Luft noch kalt und die Sonne schon warm ist. Dann saugen die Pflanzen das Grün so stark in sich ein wie ein Lamm, das Milch saugt. Die Hitze des Tages reicht kaum aus, das Grün zu reifen und zu nähren, so daß die Pflanzen Früchte bringen. Deshalb ist der Smaragd ein starkes Mittel gegen alle Schwächen und Krankheiten, weil die Sonne ihn gebiert und weil seine ganze Substanz aus dem Grün der Luft ist."

In ihrem Buch „Physica" nennt Hildegard von Bingen den „Smaragdus" als ersten Stein. In ihm steckt der Energieschub, den ein neuer Tag uns bringt und die von Hildegard oft gelobte und für alles Leben nötige Grünkraft (Viriditas). Mit dem Smaragd kann nach Hildegard ein breites Spektrum an körperlich-geistigen Disharmonien ausgeglichen werden.

Herz-, Magen-, Seitenschmerzen:
„Wer also am Herzen, amMagen oder in der Seite Schmerzen hat, trage einen Smaragd bei sich, damit durch ihn das Fleisch seines Körpers Wärme bekomme, und es wird ihm wohler." Bei akuten Beschwerden empfiehlt die hl. Hildegard, den Smaragd in den Mund zu nehmen. Den vom Stein erwärmten Speichel soll man abwechselnd schlucken und ausspucken sowie zusätzlich den Bauch einziehen und herausschnellen lassen.

Kopfschmerzen:
„Leidet jemand an starken Kopfschmerzen, so halte er den Smaragd an seinen Mund und erwärme ihn mit seinem Atem, so daß er davon feucht wird. Mit dem feuchten Stein bestreiche er die Schläfen und Stirn und nehme ihn dann in seinen Mund und behalte ihn eine knappe Stunde dort, und er wird sich besser fühlen."

Speichelfluß/Verschleimung:
„Wer sehr viel Säfte und Speichel in sich hat, möge starken Wein erwärmen. Auf ein Gefäß lege er ein Leinentuch mit einem Smaragd darauf, dann gieße er den warmen Wein über den Stein, so daß der Wein durch das Tuch läuft." Dieser Vorgang soll mehrmals wiederholt werden.

Den so gewonnenen „Smaragdwein" soll man mit Bohnenmehl zu einem Brei vermischen und diesen oft essen. Auch den so hergestellten Wein soll man nach Hildegard oft trinken – „das reinigt des Menschen Gehirn und mindert ihm Schleim und Speichel."

Geschwür/Dasselbeule:
„Wenn jemand Würmer hat, die an ihm zehren, so lege er ein Leinentuch auf das Geschwür und binde darauf den Smaragd und darüber weitere Tüchlein, so wie jemand, der eine entzündliche Geschwulst zum Aufbrechen bringen will. Das soll er tun, damit der Stein auf diese Weise erwärmt werde. Wenn er drei Tage so verfährt, werden die Würmer sterben."

Einige Hildegard-Experten deuten die genannten „Würmer" als eitrige Entzündungen/Geschwüre. Da Hildegard von Bingen dieses Rezept in Verbindung mit einem Geschwür nennt, könnte es sich um die von der Dasselfliege verursachte „Dasselbeule" handeln. Die Fliege setzt dabei vornehmlich bei Rindern Eier unter die Haut ab, die sich zu Fliegenmaden ausbilden, so daß Beulen/Geschwüre entstehen.

Epilepsie:

„Ist jemand aufgrund der hinfallenden Krankheit (Epilepsie) zu Boden gestürzt, so stecke man ihm einen Smaragd in den Mund, und der Geist des Kranken wird sich wieder beleben." Da der epileptische Anfall mit Krämpfen und unkontrollierten Kieferbewegungen einhergeht, muß bei diesem Hildegard-Rezept die Gefahr des Verschluckens bedacht werden!

Nach dem Anfall rät Hildegard, daß der Kranke den Stein aus dem Mund nimmt, ihn aufmerksam betrachtet und dabei die Worte spricht: „Wie der Geist des Herrn den Erdkreis erfüllt hat, so erfülle er das Haus meines Körpers mit seiner Gnade, so daß es nie mehr erschüttert werden kann." Dieser Satz soll neun Tage lang, jeweils am Morgen gesprochen werden.

Entstehung des Smaragds

Der Smaragd ist ein Beryllium-Aluminium-Silikat (chem. Formel: $Be_3 Al_2 (Si_6 O_{18})$ mit Spuren von Chrom, Zink, Schwefel, Phosphor und Eisen. Er zählt zu den Beryllen und entsteht hauptsächlich durch Metamorphose auf Pegmatiten und kristallinen Schiefern.

Sein Entwicklungsprozeß wird in der Tiefe durch hohen Druck und Hitze ausgelöst. Dabei dringen Restlösungen und Schmelzgase, die reich an seltenen Elementen sind, in die Gänge des erstarrten Tiefengesteins ein. Sie wirken sich auf das Nebengestein aus bzw. gehen Verbindungen ein, so daß in den Kontaktzonen der Smaragd entstehen kann. Hildegard beschreibt diesen Vorgang mit dem Bild „...wenn die Sonne beherrschend auf ihrer Bahn aufsteigt und sehr kräftig wird..." Der Anteil an Chrom verleiht diesem Stein seine grüne Farbe, wobei er in hellgrünen, gelblichgrünen, dunkelgrünen bis intensivgrünen Nuancen auftreten kann. Hildegard vergleicht sein Grün mit dem Grün der Luft. Der Smaragd bildet eine hexagonale (sechseckige) und säulenartige Gestalt aus, worin die Symbolik von Zielstrebigkeit, Gewissenhaftigkeit, Harmonie und gesellschaftlicher Verantwortung liegt. Ein weiterer Bezug zur Stärke dieses Steins findet sich in seiner Mohshärte: 7,5 - 8.

Fundorte:
Kolumbien, Indien, Pakistan, Australien, USA, Südafrika, Brasilien, Rußland/Ural (GUS-Staaten).

Anwendung in der heutigen Edelsteintherapie

Der Smaragd trägt die Schwingungen von intensiv anregenden, festigenden und stärkenden Metallen, Mineralstoffen und Spurenelementen in sich. Ich möchte ihn als „Stein der Jugend" bezeichnen, da er die Jugendlichkeit des Menschen auf allen Lebensebenen erhält bzw. wiederbringt. Er fördert herzliche, lebensbejahende und freudige Empfindungen. Mit ihm kann man jung bleiben im Geist und mit allen Sinnen. Er fördert die Offenheit für Neues, läßt belastende Verhaltensstrukturen erkennen und abstreifen. Der Smaragd hilft dem Menschen, seine Ziele aktiv und mit Schwung anzugehen. Unterstützend wirkt sich hierbei die Symbolik seiner metamorphen Entstehungsgeschichte (Gesteinsumwandlung durch Druck und Hitze) aus. Damit löst er das von der hl. Hildegard aufgezeigte Prinzip der Schwäche, die zur Unkontrolliertheit (Fallsucht/ Epilepsie) führen kann, auf. Eine Parallele ist ferner zu der von ihr dargestellten „Reinigung des Gehirns" zu erkennen. Zum einen ist damit die Förderung von klaren Gedanken gemeint, zum anderen die Befreiung von Verschleimungen (Säfteüberschuß) durch Schnupfen/Grippe. Schon vielfach konnte ich feststellen, daß insbesondere gestreßte Menschen sich von seiner grünen Farbe sehr angezogen fühlen. Ich empfehle ihn dann für eine Chakrenbehandlung (4. Chakra), wo er sich harmonisierend auf Herz und Kreislauf auswirkt. Die Schwingung des Spurenelementes Chrom, das die grüne Farbe des Steins hervorruft, wirkt sich positiv auf die Funktion der Bauchspeicheldrüse (Insulinbildung) aus.

Bekannt ist der Smaragd außerdem zum Ausgleich von Leber-
und Gallebeschwerden.

Heilung aus der Küche

Herzschmerzen:
Galgant, Diptampulver, Enzianwurzelpulver,
Petersilien-Honigwein.

Magen-Darmschmerzen:
Sanikelkraut/-tee, Schlehenfrüchte, Tannensalbe, Welsleber,
Weinraute-Salbeimischung.

Seitenschmerzen:
Leinsamen, Galgantwurzelwein, Mariendistel, Salbei,
Petersilien-Honigwein, Lorbeeröl.

Kopfschmerzen:
Galgant, Aloemischpulver, Apfelknospenöl, Eibischkraut.

Speichelfluß/Verschleimung:
Zimtwein, Silberwein, getrocknete Türkenbundlilie.

Geschwür/Dasselbeule (von Dasselfliege):
Mensch: Brombeerpulver.
Tierarznei: Hechtknochenpulver, Ringelblume.

Epilepsie:
Entenschnabelmischpulver, Straußenfleisch.

Iacinctus – Hyazinth (Zirkon)

„Der Hyazinth entsteht in der ersten Stunde des Tages aus dem Feuer, wenn die Wärme der Luft noch mäßig ist, und er ist eher luftartig als feurig. Daher spürt er auch die Luft und verändert bisweilen seine Wärme entsprechend der Luft. Trotzdem ist er auch feurig, weil er aus dem Feuer entsteht."

Mit dem Zirkon als zweitgenannten Stein spüren wir die Leichtigkeit, die rasche Veränderung, aber auch die Wärme, die im Tagesbeginn steckt. Das Prinzip seiner Wirkung ist hauptsächlich ein ausgleichender Einfluß auf Beschwerden oder Krankheiten sowie auf geistig-seelische Probleme, die ihren Höhepunkt erreicht haben.

Sehschwäche:
„Ein Mensch, der an Sehschwäche leidet oder dessen Augen getrübt, entzündet oder geschwürig sind, halte den Hyazinth gegen die Sonne, wodurch dieser sich sofort daran erinnert, daß er aus dem Feuer geboren wurde, und sich schnell erwärmt."
Bei diesem Zirkon-Rezept kommt es auf die Wärme des Steines an, ferner auf den eigenen Speichel, der nach Hildegard große Heilkräfte in sich trägt und die des Steines aktivieren kann. Der warme Stein soll mit ein wenig Speichel befeuchtet und noch warm auf die Augen gelegt werden. Feuchtigkeit und Wärme können so vom Augenlid aufgenommen werden. Der Vorgang soll oft wiederholt werden – „so werden die Augen wieder klar und gesund."
Es ist gut vorstellbar, daß Hildegard von Bingen mit „trüben Augen" auch auf die Fähigkeit des Menschen eingeht, klar-sich-

32

tig und weit-sichtig zu denken und handeln. Entsprechend kann der Zirkon auch dafür eingesetzt werden.

Verwirrung:
„Wenn jemand aufgrund von Teufelswerk (Magie, Trugbilder, z. B. durch Drogen/Alkohol) bezaubert ist, so daß er wahnsinnig wird, so nehme man warmes Roggenbrot und schneide es an der oberen Kruste in Kreuzform ein, ohne das Brot zu zerschneiden. Dann ziehe man den Stein durch jenen Schnitt nach unten und sage: Gott, der die ganze Herrlichkeit der Edelsteine vom Teufel nahm, als er seine Anordnung übertrat, nehme von dir, (Name des Betroffenen), alle Verblendung und magische Worte und löse von dir das Leiden des Wahnsinns.

Danach wird derselbe Stein, und zwar in der Quere, durch den Einschnitt gezogen. Dabei soll folgende Formel gesprochen werden: Wie der Glanz, der vom Teufel wegen seiner Überschreitung genommen wurde, so werde auch dieser Wahnsinn, der dich durch Trugbilder und Zauberwerk quält von dir (Name des Betroffenen) genommen und falle von dir ab. Von dem Brot zu beiden Seiten des Einschnittes soll der Kranke schließlich essen."

Der Beschreibung und Formel ist zu entnehmen, daß die Behandlung und Mantra-Besprechung offensichtlich von einer zweiten Person ausgeführt werden sollte. Sollte der Kranke zu schwach sein, das Roggenbrot zu essen, soll man mit dem Zirkon und den genannten Worten warmes Fladenbrot oder Zwieback segnen und den Stein außerdem durch alle warmen Speisen des Kranken ziehen.

Hildegard erwähnt: „Segne die Speisen mit dem Kreuzzeichen, während du dieselben Worte sprichst. Wenn du das oft machst, wird der Kranke geheilt werden."

Lachzwang:
„Wenn ein Mensch von schwerem Lachen erschüttert wird und in einem fort lachen möchte und sich vor Lachen nicht mehr halten kann, stecke er gleich einen Zirkon in den Mund, und

der Lachzwang vergeht." Mit diesem Lachzwang ist sicher nicht fröhliches Lachen gemeint. Vielmehr dürfte es sich um hysterische Lachkrämpfe handeln, wie sie z. B. bei Schock oder auch durch Rauschgiftgenuß eintreten.

Magen-/Darmfieber:
„Wenn jemand während ein, drei oder vier Tagen ein brennendes Fieber im Leib (Magen/Darm) hat, so stelle er reinen Wein in einem irdenen Gefäß zum Warmwerden an die Sonne. In diesen Wein lege man einen Zirkon, damit auch er sich gleichzeitig erwärmt, und tauche dann kurz einen heißen Stahl in den Wein. Diesen Wein trinke er nüchtern am Morgen und am Abend vor dem Schlafengehen. Wenn er drei oder mehr Tage lang so verfährt, wird er geheilt werden."

Sollte am zweiten oder dritten Tag keine Sonne scheinen, so rät Hildegard, den Wein auf einem Feuer aus Buchen- oder Lindenholz zu erwärmen und dann den heißen Stahl einzutauchen. Bei diesem Rezept wird nach dem homöopathischen Gesetz, Ähnliches mit Ähnlichem zu heilen, verfahren. Das heiße Fieber wird mit den erhitzten Zutaten – Wein, Stein und Stahl – bekämpft und so das feurig-luftige Prinzip des Fiebers geerdet und ausgeglichen. Nach Ansicht von Dr. Hertzka, der die Hildegard-Medizin über Jahrzehnte praktizierte, handelt es sich beim beschriebenen Krankheitsbild um allergische Hautausschläge. Hildegard von Bingen bezeichnet diese mehrfach als Magenfieber. Ferner hängen Allergien mit (meist frühkindlich) gestörten Magen-Darmverhältnissen zusammen.

Herzschmerzen:
„Wenn ein Mensch an Herzweh leidet, mache er mit dem Zirkon über seinem Herz ein Kreuzzeichen und spreche die vorgenannten Worte (siehe Rezept *Verwirrung*), und es wird ihm besser gehen." Vermutlich sind an dieser Stelle auch Herzschmerzen gemeint, die seelische Ursachen haben.

Liebeswahn/Wollust:

„Wer mit Gedanken, Wille und Körper von Sinnlichkeit erhitzt wird, trage immer einen Zirkon bei sich, und die Lust in ihm erlischt, weil der Stein durch seine Kraft und Wärme das Feuer im Menschen dämpft. Wenn ein Mensch in Sinnlichkeit entbrennt, soll er einen Hyazinth eindringlich anblicken, und der Blick dieses Menschen leitet die Kräfte des Steines in sein Gehirn und löscht in ihm das übermäßige Verlangen.

Wenn jedoch starke Wollust in ihm aufwallt, erwärme er den Zirkon an der Sonne oder an Buchen- oder Lindenfeuer. Dann mache er über seinem Bauch, um Nieren und Nabel ein Kreuz, und die Gier wird ihn verlassen, es mag eine Frau sein oder ein Mann."

Entstehung des Zirkons

Der Zirkon ist ein farbloses bis rotgelbes oder rotbraunes Zirkonium-Silikat (chem. Formel: $Zr (Si\, O_4)$) mit zum Teil radioaktiven Schwermetallen wie Thorium und Uran. Seine Mohshärte liegt bei 7,5. Hildegard beschreibt die Entstehung des Steines mit „aus dem Feuer geboren". Tatsächlich ist der Zirkon magmatischen Ursprungs, das heißt, er bildet sich aus glutflüssiger Silikatschmelze. Ferner entsteht er in einigen metamorphen Gesteinen oder in detritischem Sedimentgestein (zerriebenes Gesteinsmaterial). Hier ist er das Endprodukt von Verwitterung und Erosion der Gesteine und zeigt somit seine Fähigkeit zu Entwicklung und Veränderlichkeit auf. Erwähnt im Hildegard-Text wird außerdem, daß der Zirkon seine Wärme entsprechend der Luft ändert. Es wurde festgestellt, daß durch Erhitzen seine normalerweise rotbraune Farbe und damit seine „Wärme" verblaßt. Der Zirkon bildet sich in tetragonaler Form aus und vermittelt damit die Symbolik von geerdeter Flexibilität, Unterscheidungs- und Umsetzungsfähigkeit.

Fundorte:

Sri Lanka, Indien, Thailand, Madagaskar, Brasilien, Australien, USA, Rußland/Ural (GUS-Staaten), Frankreich, Norwegen, Deutschland.

Anwendung in der heutigen Edelsteintherapie

Im Zirkon haben sich Elemente verbunden, die diesen Stein für sein Einsatzgebiet prädestinieren - immer dort, wo es um „zündende", erhellende und klärende Impulse geht. So hilft er, Antriebslosigkeit zu überwinden und fördert die Fähigkeit, sich „mit Leib und Seele" für eine Sache einzusetzen. Er unterstützt rasches, aber dennoch überlegtes Denken und Handeln und hilft Wesentliches von Unwesentlichem zu unterscheiden. Damit stoßen wir auf einige Gemeinsamkeiten zu den Beschreibungen der hl. Hildegard – etwa, wenn es bei ihr darum geht, die klare Sicht der Augen (Geist) wiederzuerlangen oder sinnestäuschende Gefahren zu erkennen und abzuwenden. Durch seine ausgleichende Wirkung ist der Zirkon bei allen krampfartigen und akut auftretenden Schmerzen hilfreich. Man kann ihn direkt auf den betroffenen Körperbereich auflegen.

Ferner kann er zum Ausgleich sexueller Schwierigkeiten eingesetzt werden, die sonst möglicherweise ein zwanghaftes Abreagieren der Bedürfnisse zur Folge hätten oder zu sexueller Abhängigkeit führen könnten. In medizinischer Hinsicht wird Zirkon wegen seiner guten Absorption von Röntgenstrahlen eingesetzt, worin sich ebenfalls die von Hildegard beschriebene Veränderungsfähigkeit des Steines erkennen läßt.

Heilung aus der Küche

Sehschwäche/Augentrübung:
Lindenblätter, Odermenning, Wildgansgalle.

Verwirrung:
Bibernellwurzel, Farnkraut, Walfleisch.

Lachzwang:
Kubebenfrüchte, Muskatnußzucker.

Magen-/Darmfieber:
Lorbeerfrucht, Goldwein.

Herzschmerzen:
Galgant, Diptampulver, Lilie, Königskerze.

Liebeswahn/Wollust:
Myrrhe, Sperberflaumfedern, Steinbeißerpulver.

Berillus – Beryll

„Der Beryll ist warm und entsteht jeweils zwischen der dritten Tagesstunde und der Mittagszeit aus dem Schaum des Wassers, wenn ihn die Sonne kräftig durchglüht. Seine Kraft stammt mehr von der Luft und vom Wasser als vom Feuer, aber doch ist er feuerartig."

Die Beschreibung vermittelt, daß der Beryll sowohl die „kühlende" Symbolik der Wassers als auch die aktivierende Kraft der Sonne (feuerartig) in sich trägt. Da heute die verschiedenfarbigen Varietäten der Beryll-Steingruppe jeweils mit eigenem Namen belegt sind, bleibt ein kleiner Zweifel, welchen Beryll die hl. Hildegard meint.

Zu den Beryllen zählen Aquamarin, Morganit, Worbjewit, Goldberyll, Heliodor, Goshenit, Bixbit und der Gemeine Beryll. Die Farbskala reicht dabei von farblos über goldgelb, gelbgrün, hellblau, grünblau bis rosa. Den intensivgrünen Smaragd, ebenfalls ein Beryll (mit Chromgehalt), bespricht sie gesondert. Hildegard beschreibt den Beryll als „aus dem Schaum des Wassers geboren", und in Assoziation zu diesem Bild dürfte der gelbweiße bis gelbgrüne „Gemeine Beryll" dem farblich am ehesten entsprechen. Dem Beryll werden „nur" zwei Wirkungen zugeschrieben, beide haben es allerdings in sich.

Vergiftung:
„Sogleich wenn ein Mensch Gift aß oder trank, schabe er vom Beryll etwas Pulver in Quellwasser oder ein anderes Wasser und trinke es auf der Stelle. Fünf Tage lang verfahre er so, indem er es täglich nüchtern trinke, und er wird das Gift durch

Erbrechen ausspeien, oder es verläßt ihn hinten (Stuhlgang)."
Einer Eigenbehandlung im Fall einer Vergiftung ist auf jeden
Fall abzuraten, sie gehört in die Hände eines Arztes.

Dieses Hildegard-Rezept wird hier nur der Vollständigkeit
halber erwähnt.

Streitsucht:

„Wer einen Beryll immer bei sich hat und ihn oft in der Hand
hält und betrachtet, wird mit anderen Menschen keinen Streit
bekommen, nicht streitsüchtig sein, sondern ruhig bleiben."

Auch Streit und Aggression haben eine vergiftende Wirkung
auf Seele und Geist, was sich als organische Schädigung im
Körper manifestieren kann. Insofern dürfte dieses Hildegard-
Rezept Balsam für gestreßte Nerven sein.

Entstehung des Berylls

Der Beryll ist ein gelbgrünes Beryllium-Aluminium-Silikat
(chem. Formel: $Be_3 Al_2 (Si_6 O_{18})$) mit einer Mohshärte von 7,5 - 8.
Er entsteht in Pegmatiten magmatischen Ursprungs oder bildet sich aus hydrothermalen silikatreichen Lösungen. Unter
hohen Temperaturen und Drucken dringt die Flüssigkeit in die
Gesteinsgänge bereits erstarrter Lava ein und reichert sich mit
den Mineralstoffen aus Dämpfen und Gasen an, so mit Eisen,
Magnesium, Mangan, Calcium, Chrom, Natrium und Lithium.

Zu seiner Entstehung vermittelt uns die Hl. Hildegard das
Bild der Sonne, die das Wasser zum Schäumen bringt, und
tatsächlich verläuft seine Entstehung bei Temperaturen, die für
magmatische Bildungen nahe dem Höhepunkt sind. Vergleicht
man die Entstehungsgeschichte von Smaragd und Gemeinem
Beryll stößt man bei Hildegard auf einige Ähnlichkeiten.

Da beide Steine der Beryll-Gruppe angehören, ist dies nicht
verwunderlich, entsprechend finden sich in ihrer minerali-
schen Entstehungsgeschichte ebenfalls Parallelen.

Brasilien, Madagaskar, Sri Lanka, USA, Südwestafrika,
Südafrika, Australien.

Anwendung in der heutigen Edelsteintherapie

Die Entgiftung und der Ausgleich von Emotion (Streitsucht)
zählen auch in der heutigen Steinheilkunde zu den Anwen-
dungsbereichen des Berylls. Ich habe festgestellt, daß der
Beryll bzw. Beryllwasser durch seine entschlackende und ent-
wässernde Wirkung eine Fastenkur sehr gut ergänzen kann.
Um Beryllwasser herzustellen, wird ein ganzer Stein in Wasser
gelegt und der Sonne ausgesetzt (siehe auch Kapitel „Die praktische Anwendung von Edelsteinen").

Zum Ausgleich von Emotion trägt man den Beryll als Trommelstein, Kette oder Ring stets bei sich. Wie auch Hildegard
betont, sollte der Beryll im Bedarfsfall oder auch mehrmals täglich intensiv betrachtet werden. In seiner hexagonalen (sechs-
eckigen) und säulenartigen Kristallstruktur erkennt man noch
eine weitere, wichtige Symbolik und Heilwirkung des Berylls:
Sein Einfluß auf Zielstrebigkeit, Ehrgeiz, Disziplin und Konse-
quenz des Menschen, der diese Eigenschaften entwickeln
möchte. Nicht von Hildegard erwähnt, aber schon im Mittelalter
genutzte Wirkung des Berylls war und ist sein augenstärken-
der Einfluß. Damals wurden geschliffene Berylle als Sehhilfen
verwendet. Heute wird dieser Stein zur allgemeinen Stärkung
ermüdeter Augen empfohlen, wobei kleine Berylle auf die
geschlossenen Lider aufgelegt werden. Nach etwa einer Vier-
telstunde haben sich die Augen erholt.

Heilung aus der Küche

Vergiftung:
Maulbeerelixier, Ringelblume, Petersilie,
heißer Stahl.

Streitsucht:
Farnkraut, Eibenholz.

Onichinus – Onyx

„Der Onyx ist warm und wächst um die dritte Tagesstunde in einer dichten Wolke, wenn die Sonne kräftig brennt, zugleich aber Wolken vor die Sonne ziehen, durch die die Sonne wegen deren Wassergehaltes nicht durchscheinen kann. Der Onyx hat nicht die Hitze des Feuers, sondern er besitzt die Wärme der Luft und hat seinen Ursprung aus der Sonnensubstanz. Seine Gestalt erhält er aus verschiedenen Wolken, daher besitzt er große Kraft gegen jene Schwächezustände, die aus den Lüften entspringen."

Die Beschreibung des Onyx vermittelt seine durchdringenden, aus der Sonne geschöpften Kräfte, die es nun wieder zur Sonne hinzieht. Sicher ist es kein Zufall, daß die Rezepte in besonderem Maße das Prinzip Wärme enthalten, um gegen schädigende Hitze (in Form von Geschwüren, Fieber, Infekte) im Körper anzugehen.

Augenschwäche:
„Wem das Augenlicht nachläßt oder die Augen auf andere Weise, etwa durch ein Augengeschwür, geschwächt werden, der gebe guten Wein in ein Gefäß aus Bronze, Kupfer oder Stahl und lege den Onyx in den Wein und lasse ihn dort 15 oder 30 Tage ziehen."

Der Stein wird dann aus dem Wein genommen, welcher aber im gleichen Gefäß bleiben soll. Ein wenig von diesem Tonikum soll man jeden Abend auf die Lider streichen, „... und die Augen werden sich erhellen und gesund werden."

Herz- und Seitenschmerzen:

„Wer am Herzen oder in der Seite Schmerzen leidet, erwärme den Onyx in seinen Händen oder an seinem Körper, halte ihn dann über dampfenden Wein, damit die von ihm ausgehende Feuchtigkeit sich mit dem Wein mischt. Darauf lege er den Stein in den warmen Wein und trinke ihn bald. Die Hitze des Herzens und der Seite wird weichen."

Da die hl. Hildegard von einer Hitze des Herzens spricht und in diesem Rezept Seitenschmerzen aufführt, könnten auch vom Herzen in die linke Seite ausstrahlende Schmerzen gemeint sein.

Magenschmerzen:

„Und wer Magenschmerzen hat, der bereite den Onyx-Wein (wie bei Herzschmerzen beschrieben) und koche aus diesem mit Hühnereiern und Mehl eine Suppe, die er oft esse, und es wird seinen Magen reinigen und heilen."

Milzschmerzen:

„Wer in der Milz Schmerzen hat, koche Ziegen- oder Lammfleisch, nachdem das Fleisch in (dem beschriebenen) Onyx-Wein gebeizt worden ist. Das mache er oft, und die Milz wird geheilt und nicht mehr anschwellen."

Die Milz spielt bei Hildegard von Bingen eine große Rolle als das dem Herzen vorgeschaltete Schutz- und Entgiftungsorgan. Als mögliche Ursache von Milzleiden nennt sie den Verzehr von Rohkost: „So steigen die Fehlsäfte (mali humores) aus den Speisen, die eigentlich auf dem Feuer oder mit einer Würze hätten zubereitet werden müssen, zur Milz hin und lassen sie leiden."

Fieber:

„Wer starke Fieber hat, lege einen Onyx fünf Tage in Essig und nehme ihn dann wieder heraus. Sodann mische und würze er alle seine Speisen mit diesem Essig und esse sie so, und das Fieber wird weichen, da die gute Wärme des Onyx, vermischt mit der Wärme des Essigs, die schädlichen Säfte, aus denen Fieber entsteht, vertreibt."

Depression:
„Wenn du von Traurigkeit bedrückt bist, schaue den Onyx aufmerksam an und lege ihn sogleich in den Mund, und die Traurigkeit wird weichen."

Rinderpest:
„Auch wenn die Seuche die Rinder befällt und tötet, erwärme Wasser über dem Feuer und halte den Onyx über das dampfende Wasser, damit sich seine Feuchtigkeit mit der des Wassers vermischt. Dann lege den Onyx für drei Tage in dieses Wasser und wenn du ihn herausgenommen hast, gebe den Rindern oft von dem Wasser zu trinken. Besprenge damit auch ihr Futter und vermische die Kleie damit und gib es ihnen zu fressen. Dies tue oft, und es wird ihnen besser gehen."

Heilmittel für Tiere hat Hildegard von Bingen selten beschrieben. Im Sinne der natürlichen Tierhaltung könnte dieses Rezept durchaus einmal ausprobiert werden.

Entstehung des Onyx

Die Entstehungsgeschichte des Onyx ist sinnbildlich sehr treffend dargestellt. Der schwarze Onyx ist ein Silicium-Dioxid (chem. Formel: SiO_2) mit Spuren von Zink. Er zählt zur Gruppe der Chalcedone und ist undurchsichtig schwarz oder schwarzbraun, teils mit weißen Adern. Er entsteht postvulkanisch in Blasenhohlräumen erstarrter Lava und enthält Eisen, vulkanische Asche- und Rußpartikel sowie weiße Chalcedonschichten oder -bänder. Der Onyx hat also nicht die Hitze des Feuers, da er nach den magmatischen Prozessen entsteht. Vielmehr bildet er sich – wie auch andere Steine der Chalcedon-Gruppe – bei relativ niedriger Temperatur, da er sich aus siliciumreichen Lösungen abscheidet. Die von Hildegard erwähnten „Wolken" könnten die Blasenhohlräume im Gestein beschreiben. Sie füllen sich mit der Kieselsäurelösung und anderen Mineralstoffen und werden wolkenartig überkrustet. Seine Mohshärte liegt bei 6 - 7; er zählt damit zu den „weicheren" Steinen.

Fundorte:
Brasilien, Uruguay, Indien, Madagaskar, USA.

Anwendung in der heutigen Edelsteintherapie

Der Onyx wird dem ersten Chakra, unserem Basis-Zentrum, zugeordnet und vermittelt von hier seine feinstoffliche Energie. Das erste Chakra ist unsere „Ich-bin-Ebene", die mit dem Onyx sehr gut stabilisiert werden kann. Dazu gehört die Entwicklung von Fähigkeiten wie Abgrenzung vor Vereinnahmung anderer, Disziplin, Selbstachtung und Konzentrationsfähigkeit. Da er die Unbestechlichkeit und Wahrnehmungsfähigkeit fördert, wird er gern als Begleiter zu Prüfungen empfohlen. Die von Hildegard genannte Einsatzmöglichkeit zur Stärkung der Augen ist ebenfalls bekannt, allerdings in einer Abwandlung des Rezeptes. Dazu wird der Stein in einem Sieb über dampfenden Wein gehalten und so angewärmt auf die Augenlider gelegt. Empfehlen möchte ich den Onyx auch bei Traurigkeit und Depression, wozu man ihn als Trommelstein oder als Kette auf der Haut stets bei sich trägt. In einigen Fällen soll er die Raucherentwöhnung erfolgreich unterstützt haben, was sich auf seinen Einfluß auf die Selbstdisziplin zurückführen läßt.

Heilung aus der Küche

Augenschwäche/-geschwüre:
Veilchenöl, Welsgalle, Alantwein, Wildgansgalle,
Weiße Taubnessel.

Herz/-Seitenschmerzen:
Galgant, Lorbeeröl, Mariendistelsaft,
Petersilien-Honigwein.

Magenleiden:
Brachsen-Fischfleisch, Fenchel, Liebstöckel,
Käsepappelkraut.

Fieber:
Akeleisaft, Bärwurzpulver, Eibisch, Meisterwurz.

Depression:
Ysopgewürzpulver, Fenchelsaft, Flohsamen.

Rinderpest:
Walknochenpulver.

Sardonix – Sardonyx

„Der Sardonyx ist warm, er wächst jeweils, nachdem die sechste Tagesstunde vorüber ist bis zu Beginn der neunten Stunde
des Tages. Dann wird er von der reinen Sonne gewärmt, die
nun in Klarheit leuchtet, da die Luft beginnt, sich abzukühlen;
daher hat er auch mehr vom Feuer als von der Luft oder dem
Wasser."

Hildegard von Bingen vermittelt uns mit dieser Beschreibung einen Stein, dessen Wesen von Reinheit und Klarheit
geprägt ist, was sich im besonderen auf die fünf Sinne des Menschen auswirkt:

Zornabbau/Verstandesschärfung:
„Wenn ein Mensch den Sardonyx auf seine nackte Haut legt
und ihn auch oft in den Mund nimmt, so daß sein Atem ihn
berührt, ihn dann herausnimmt und wieder hineinlegt, sodann
werden bei diesem Menschen Jähzorn, Dummheit und Sitten-
losigkeit schwinden. Denn der Teufel haßt und meidet diesen
Stein wegen seiner Reinheit."

Begierden:
„Und wenn ein Mann oder eine Frau von Natur aus stark in
sinnlichen Begierden entbrennen, dann soll der Mann den Sardonyx an seine Leistenbeugen, die Frau aber auf ihren Nabel
legen, und sie werden ein Mittel gegen ihre Begierlichkeit
haben."

Fieberhafte Durchfallkrankheit:
„Wenn ein Mensch plötzlich von Sucht (epidemisch auftretende

fieberhafte Durchfallkrankheit) befallen wird und er sich, nachdem er sie ausgeschwitzt hat, besser fühlt, soll er einen Sardonyx-Ring an den Finger stecken, und er wird keinen Rückfall in die Krankheit erleiden."

Hildegard erwähnt in diesem Rezept einen Sardonyx-Ring. Vermutlich kommt es ihr auf den direkten Haut- und häufigen Blickkontakt an. Das kann auch erreicht werden, indem man einen Trommelstein längere Zeit in der Hand hält und ihn des öfteren betrachtet.

Entstehung des Sardonyx

Der Sardonyx ist ebenfalls eine Chalcedonvarietät, deren Mohshärte bei 6 - 7 liegt. Er besteht aus drei Mineralschichten - schwarzem Onyx, rotem Sarder und der weißem Chalcedon. Das eisenhaltige Silicium-Dioxid (chem. Formel: SiO_2) entsteht aus magmatischen Kieselsäurelösungen, die in einem postvulkanischen Prozeß in die Hohlräume des Vulkangesteins dringen. Hildegards visionäre Betrachtung beschreibt diesen Vorgang mit „von der reinen Sonne gewärmt, die nun in Klarheit leuchtet, da die Luft beginnt, sich abzukühlen." Wie der Onyx bzw. andere Chalcedonvarietäten entsteht auch der Sardonyx bei relativ niedrigen Temperaturen während des Abkühlungsprozesses der Kieselsäurelösungen. Hildegard hebt in ihrer sinnbildhaften Beschreibung außerdem sein eher „feuerhaftes" Wesen hervor. Möglicherweise spielt sie hier auf seine rotbraune Farbe an, die auf seinen Eisengehalt zurückzuführen ist.

Fundorte:
Rußland/Tunguska-Gebiet, Usbekistan (GUS-Staaten),
Südafrika, Indien, Uruguay, Brasilien.

Anwendung in der heutigen Edelsteintherapie

Der sonnengestärkte und vom Wesen her reine Sardonyx kann uns in vielen Lebensbereichen Hilfestellung geben. So stärkt er das „Rückgrat", wenn es darum geht, im Leben eine neue, vitale Richtung einzuschlagen. Eine Rolle spielt hierbei seine Elementeschwingung aus Silicium und Eisen, die Festigkeit und Anregung in harmonischer Weise vermitteln. Besonders wohltuend ist der aufbauende Stein nach einer Krankheit, einer Operation oder einem einschneidenen Erlebnis, nach dem man gezwungen ist, neue Wege zu gehen (z. B. Trennung). Für eine Chakrenbehandlung wird der Sardonyx auf das zugeordnete erste und/oder zweite Chakra aufgelegt und vermittelt so neue Vitalität und Lebensmut.

Auch heute ist der Sardonyx als „Stein der fünf Sinne" bekannt. Mit ihm kann man die Wahrnehmungsfähigkeit auf allen Ebenen der Sinne wiedererlangen – oder darin das rechte Maß finden.

Hier nehme ich noch Bezug auf den hildegardischen Hinweis der Tugendhaftigkeit - ein Wort, das so gar nicht mehr in unsere Zeit zu passen scheint. Dennoch drückt es das aus, wonach sich der Mensch wohl zu jeder Zeit sehnte: nach Aufrichtigkeit, Verläßlichkeit, Solidarität, Disziplin etc. Um diese Eigenschaften bei sich zu stärken, ist der Sardonyx ein idealer Stein.

Heilung aus der Küche

Zornabbau/Verstandesschärfung:
Edelkastanienextrakt, Ulmenholz, gelöschter Wein.

Begierden:
Steinbeißerpulver, Kubebenkörner, Myrrhe.

Fieberhafter Durchfall:
Meisterwurz, Mutterkümmel-Mischpulver.

Saphyrus – Saphir

„Der Saphir ist warm. Er wächst um die Mittagszeit, wenn die Sonne in ihrer Glut so brennt, daß die Luft davon ein wenig dunstig wird. Augrund der großen Hitze durchdringt die Sonne die Glut nicht so wie bei abgekühlter Luft, so daß der Glanz der Sonne nicht voll erstrahlen kann. Deshalb ist der Saphir auch trübe und eher feurig als luftig oder wäßrig, und er bezeichnet die volle Liebe und Weisheit."

Der Saphir wird in Hildegards „Buch von den Steinen" an sechster Stelle genannt. In bezug auf die mystische Symbolik der Zahl 6 tritt hier ebenso Liebe, Harmonie, Frieden, Gerechtigkeit und Weisheit in den Vordergrund. An seiner rechten, segnenden Hand trägt außerdem jeder Kardinal seit dem sechsten Jahrhundert einen blauen Saphir. Der Saphir hat also besonderen Bezug zur Kirche, weshalb Hildegard möglicherweise gerade diesen Stein recht ausführlich darstellt.

Augenleiden/Flügelfell:
„Ein Mensch, der das »vel« im Auge hat, halte einen Saphir in seiner Hand oder erwärme ihn am Feuer, hauche oder feuchte ihn an und berühre mit dem feuchten Stein das Häutlein im Auge. So soll er drei Tage morgens und abends verfahren, und das Häutlein wird sich verkleinern oder verschwinden."

Möglicherweise meint Hildegard von Bingen mit »vel« das sogenannte »Flügelfell«, das die Augenheilkunde kennt. Es handelt sich dabei um ein wachsendes Häutchen, das mit der Zeit das Augenlicht nimmt.

Bindehautentzündung/Augengeschwür:

„Wem sich die Augen vor Schmerzen röten oder wenn sie geschwürig sind oder wem die Sehkraft schwindet, der nehme nüchtern einen Saphir in den Mund und nässe den Stein damit. Danach nehme er mit dem Finger den Speichel von dem Stein ab und streiche damit über die Lider und auch über das Innere des Auges, und sie werden geheilt werden und ganz klar."

Kopfschmerzen, rheumatische:

„Wenn ein Mensch am ganzen Leib vergichtet ist, so daß er vor lauter Schmerzen im Kopf und am übrigen Körper die Schmerzen nicht mehr ertragen kann, so lege er den Saphir in den Mund, und die Gicht in ihm wird weichen."

Hier klingt die medizinische Erkenntnis durch, daß auch Belastungen wie Ungeduld, Zorn, Kummer, Sorgen und Ängste Verhärtungen und Ablagerungen an den Gefäßen verursachen können. Derartige seelische Belastungen sind ferner häufig Ursache für Kopfschmerzen.

Intellektstärkung:

„Ein Mensch, der gute Auffassungsgabe und gutes Wissen erlangen möchte, der nehme täglich frühmorgens nüchtern beim Aufstehen den Saphir eine kleine Weile in den Mund – so lange, bis dieser vom Speichel genügend an sich gezogen hat (bis sich ein Speichelfilm bildet). Dann nehme er den Saphir wieder aus dem Mund und erwärme etwas Wein und halte den Stein in den aufsteigenden Dampf, damit er sich mit Tröpfchen beschlägt. Den Niederschlag lecke er mit der Zunge ab und trinke auch von dem Wein." Der „Saphir-Speichel" gelangt so mit dem Wein in den Magen, womit Hildegard von Bingen auf den Organzusammenhang Magen-Ingenium (Geistesanlage) Bezug nimmt.

Dummheit:

„Wer aber dumm ist, so daß ihm jede Art von Kenntnissen fehlt, er jedoch klug sein will und nicht klug sein kann, aber auch nicht voll Bosheit steckt, noch danach strebt, der bestreiche seine Zunge oft nüchtern mit dem Saphir, weil dessen Wärme und innewohnende Kraft mit der warmen Feuchtigkeit des Speichels die schädlichen Säfte vertreiben, die den Verstand des Menschen einschränken. So erhält er einen guten Verstand."

Möglicherweise läßt diese hildegardische Beschreibung die Interpretation bestimmter Formen von geistiger Behinderung zu, da sie betont, daß der Kranke „klug sein will, es aber nicht sein kann".

Geistesbesessenheit:
„Wenn ein Mensch vom bösen Geist besessen ist, soll ein anderer Mensch den Saphir in Wachs legen und dieses Wachs in Leder einnähen, es um den Hals des Besessenen hängen und dazu sprechen: ‚Oh du schändlichster Geist, weiche sofort von diesem Menschen, so wie bei deinem ersten Sturz die Herrlichkeit deines Glanzes sofort von dir abfiel'."

Liebeswahn:
„Wenn aber der Teufel einen Mann reizt, eine Frau stark zu begehren und er, ohne daß Magie dahintersteckt, aus Liebe verrückt zu werden beginnt und dies der Frau lästig wird, dann gieße sie dreimal etwas Wein über den Saphir und spreche dreimal dazu: ‚Ich gieße diesen Wein mit seinen brennenden Kräften über dich, so wie Gott dir, du überheblicher Engel, deinen Glanz genommen hat, damit du so die Liebe der brennenden Leidenschaft dieses Mannes von mir nimmst'."

Nach Hildegard ist es auch möglich, daß ein anderer für die Frau diese Aufgabe übernimmt und dem liebeskranken Mann mit oder ohne sein Wissen während drei Tagen oder länger von dem zubereiteten Wein zu trinken gibt. Auch wenn eine Frau in den beschriebenen Liebeswahn verfällt, kann der betroffene Mann oder eine andere Person für ihn die Handlung vornehmen.

Entstehung des Saphirs

Der Saphir ist ein Aluminium-Oxid mit Eisen-, Titan, Chrom-, Kobalt-, Silicium und Vanadium-Beimengungen (chem. Formel: $A_{12}O_3$). Er ist undurchsichtig bis durchsichtig und tritt in Farbnuancen von hellblau, rosa, gelb, grün, violett bis hin zum begehrten Dunkelblau auf. Er gehört zur Gruppe der Korunde und entsteht durch Kontakt- und Regionalmetamorphose. Durch Überlagerung der Gesteinsschichten und durch deren Absinken in größere Tiefen der Erdrinde steigen die Temperaturen. Im Verlauf dieser Vorgänge können freigewordene Gase, Dämpfe oder Schmelzflüssigkeit andere Gesteine durchdringen, verändern und umwandeln. Letzteres bezieht sich auf das Sinnbild Hildegards, in dem sie schildert, daß „der Glanz der Sonne nicht voll erstrahlen" könne und daß der Saphir eher „feurig" sei. Beschrieben wird der Saphir von ihr als trübe, und in der Natur wird er auch meist undurchsichtig-trüb aufgefunden.

Als Aluminium-Oxid mit den genannten Elementebeimengungen trägt der Saphir kraftvoll- feurige Schwingungen in sich. Er kristallisiert doppelpyramidig oder prismenförmig und vermittelt so die Symbolik von höheren Erkenntnissen, Weisheit und Erleuchtung. Seine Mohshärte liegt bei 9, und er zählt mit zu den härtesten Steinen.

Fundorte:
Thailand, Südafrika, China, Burma, Sri Lanka, Indien, Australien, Finnland.

Anwendung in der heutigen Edelsteintherapie

Mit seiner bis in tiefes Kornblumenblau reichenden Farbe wird der Saphir dem „dritten Auge" (sechstes Chakra) zugeordnet, das sich zwischen den Augenbrauen befindet. Wenn es darum geht, höhere Bewußtseinsebenen zu erreichen, ist der Saphir

der geeignete Stein. Mit ihm kann man die persönliche Lebens-
situation oder ein bestimmtes Problem von einer höheren
Warte aus betrachten und zu neuen, oftmals überraschenden
Erkenntnissen gelangen. Der Saphir ist bekannt als Stein, der
die reine Liebe weckt bzw. erhält.

Mit ihm wachsen die innere Zufriedenheit, Harmonie und
der Gerechtigkeitssinn. Das wirkt sich positiv auf eine Liebes-
beziehung, Freundschaft oder auf geschäftliche Verbindungen
aus. Gemeint ist damit aber auch die Entwicklung von Liebe zu
allem Sein der Schöpfung. Wie Hildegard von Bingen erwähnt,
soll der Saphir möglichst nicht gefaßt sein, oder wenn, nur in
reines Gold. Der Grund: Metall-Legierungen beeinträchtigen die
Schwingungen des Saphirs. Empfehlen kann ich den Saphir als
„Konzentrationsmittel". Er wird für eine Weile im Mund getragen und fördert so die innere Zentrierung auf eine bestimmte
Sache. Wer eine klare geistige Ausrichtung erlangen möchte,
z. B. vor einer Geschäftsbesprechung, sollte den Saphir einige
Minuten auf die Stirn legen. Ein weiteres, etwas komplizierte-
res Rezept dient ebenfalls der Konzentrationsstärkung: Zu-
nächst wird der Saphir im Mund eingespeichelt, danach in eine
Schale mit frischen Rosenblättern gelegt, an denen noch der
Morgentau haften soll. Einige der Rosenblätter legt man dann
am Abend unter sein Kopfkissen, was kurmäßig etwa sechs
Wochen durchgeführt werden soll.

Heilung aus der Küche

Augenleiden/Flügelfell:
Weiße Taubnessel, Wildgansgalle.

Bindehautentzündung:
Frankenwein, Rebtropfen.

Kopfschmerzen, rheumatische:
Bärwurzbirnhonig, Lorbeerfrucht, Muskatellersalbei.

Intellektstärkung/Konzentration:
Muskat-Zimt-Nelkenmischung, Brennesselöl,
Edelkastanienextrakt.

Geistesbesessenheit:
Walleber, Walfleisch, Bibernellwurzel.

Liebeswahn:
Myrrhe, Steinbeißerpulver, Sperberflaumfedern.

Topazius – Topas

„Der Topas wächst um die neunte Tagesstunde in der Glut der Sonne, kurz bevor die neunte Stunde voll ist. Dann ist die Sonne von der Hitze des Tages ungetrübt und warm. Daher ist er ganz rein, feurig und warm und hat nur wenig Luft und Wasser in sich und ist hell. Jene Helligkeit gleicht der des Wassers, aber seine Farbe ist dem Gold ähnlicher als dem Gelb. Er widersteht dem Gift und der Feindseligkeit und erträgt sie nicht, wie auch das Meer keine Verunreinigung in sich tragen kann."

Von diesem Stein gehen die Schwingungen des Elementes Feuer in seiner nahezu reinsten Form aus und verbinden sich harmonisch mit Luft und Wasser. Entsprechend belebende und erneuernde Wirkungen werden von der hl. Hildegard geschildert.

Fieber:
„Wenn ein Mensch die Fieber hat, mache er mit dem Topas in weichem Brot drei Grübchen. In diese gieße er reinen Wein und nachdem er versickert ist, gieße er weiteren Wein hinzu. Dann blicke er in den Wein, der sich in den Mulden gesammelt hat, wie in einen Spiegel und spreche: ‚Ich erblicke mich, wie Cherubim und Seraphim im Spiegel Gott anblicken, damit er diese Fieber von mir nehme'. So mache er es oft und er wird geheilt."

Vergiftungsschutz:
„Denn wenn in Brot, Fleisch, Fisch oder einer anderen Speise oder in Wasser, Wein oder einem anderen Getränk Gift enthal-

ten ist, so schwitzt der Topas, wenn er in der Nähe davon ist, so wie das Meer schäumt, wenn Unrat in ihm ist. Deshalb soll ein Mensch beim Essen oder Trinken einen Topas am Finger und nahe der Speise oder dem Getränk tragen und den Stein beobachten. Wenn Gift im Essen oder Trinken ist, schwitzt er sogleich."

Bei diesem Rezept wird man sich wohl unwillkürlich an die vom Mittelalter überlieferten Giftmorde (oder Versuche) erinnern. Doch auch in Anbetracht der zahlreichen Umweltgifte in der Nahrung, denen wir heute ausgesetzt sind, kann das Topas-Rezept Gültigkeit haben. Den Ausdruck, daß der Stein „schwitzt", sollte man nicht zu wörtlich nehmen, sondern eher auf die vom Topas angeregte intuitive Warnung vor dem Genuß eines Nahrungsmittels hören bzw. mit ihm zu einer gesünderen Ernährungsweise finden.

Sehstörung:
„Wem die Augen sich verdunkeln, lege einen Topas drei Tage und Nächte hindurch in reinen Wein. Vor dem Schlafengehen bestreiche er mit dem nassen Stein die Augen, daß auch ein wenig von der Flüssigkeit ins Innere des Auges gelangt... Das soll er oft machen, es macht die Augen klar wie das beste Augenmittel. Denn die Wärme und die Kraft dieses Steines, in Verbindung mit der Wärme und Stärke des Weines, verscheucht die schlechten Säfte der verdunkelten Augen." Nachdem der Wein drei Tage und Nächte im Wein lag, soll er herausgenommen werden. Den Wein kann man noch fünf weitere Tage verwenden.

Hildegard von Bingen bezeichnet verschiedene Sehstörungen als Verdunkelung. Bei diesem Rezept könnte es sich (wie bei Dr. Hertzka erwähnt), um die diabetische Retinopathie handeln, evtl. auch um den Grauen Star, bei dem sich die Augenlinse eintrübt.

Milzleiden:
„Wer an der Milz leidet oder an innerer Fäulnisbildung, so, als

würde sein Körper innerlich verfaulen, der lege fünf Tage lang einen Topas in richtigen Maulbeerwein. Dann nehme er ihn heraus, koche den Wein und halte den Topas in die aufsteigenden Dämpfe, damit er sich beschlägt und mit dem Wein vermischt.

Sodann lege er den Stein in den warmen Wein, aus dem er später eine Suppe oder Brühe ohne Fett bereite. Dies soll er oft trinken und seine Milz wird geheilt und die innere Fäulnis wird zurückgehen."

In diesem Rezept wird ferner noch ausdrücklich betont, daß der Maulbeerwein von sich aus keine Kräfte hat, diese aber durch die Synergie mit dem Topas entstehen.

Aussatz/fleckige Haut:

„Wer aussätzig ist, erhitze einen Ziegelstein und lege Haferspreu darauf, damit es raucht. Über den Rauch halte er den Topas, damit er sich beschlägt und streiche diesen Schweiß auf die Stelle des Aussatzes. Danach nehme er Olivenöl, mische ein Drittel Veilchensaft darunter und streiche es auf dieselbe Hautstelle. Dies soll er oft machen und der Aussatz wird aufbrechen und dem Menschen wird es besser gehen – außer es ist sein Tod."

Unter Aussatz versteht man heute verschiedene fleckige, quaddelige, gerötete Hautzonen, worauf auch die Beschreibung in Hildegards Buch „Causae et curae" einen Hinweis gibt. Mit Todesfolge könnte sie evtl. auf den Primär- oder Sekundäreffekt der Syphilis angespielt haben, der sich fleckig-knötchenförmig über den Körper ausbreitet. Vielleicht auch auf den bösartigen Hautkrebs (schwarzes Melanom).

Abwehr negativer Energien:

„Lege jeden Morgen den Topas auf dein Herz und sprich: ‚Gott, der über alles und über allem herrlich ist, verwerfe mich nicht bei seiner hohen Ehre, sondern erhalte, stärke und gründe mich auf seinem Segen'! So oft du solches tust, meidet dich das Böse an diesem Tag. Denn von Gott hat der kraftvolle Topas

seine Macht, um alles Übel vom Menschen abzuwenden, da er
wächst, wenn die Sonne sich zum Niedergang neigt."

Entstehung des Topas

Der Topas ist ein fluorhaltiges Aluminium-Silikat (chem. Formel:A_{l2} (Fe_2/SiO_4) von großer Härte (Mohshärte 8) mit Beimengungen von Chrom, Phosphor, Mangan. Die Beimengungen prä-
gen seine Farbe, so nimmt er durch den Chromanteil eine eher
gelbe Farbe an, Phosphor färbt golden und Mangan bräunlich.
Der goldfarbene Topas wird heute Edeltopas genannt. In weiteren Varietäten kann der Topas blau oder rot sein. Aufgefunden wird er am häufigsten in Pegmatiten, auch in Adern und
Hohlräumen granitischer Gesteine. Typisch für den Topas ist
ein pneumatolytischer Entstehungsprozeß. Dabei handelt es
sich um die Wirkung von Gasen einer Schmelze auf das Neben-
stein oder die erstarrende Schmelze selbst. Im Fall des Topas
ist dies die Einwirkung fluorhaltiger Gase auf Feldspäte. Das
Bild des sonnendurchglühten Steins, wie es die hl. Hildegard
schildert, findet sich in seiner großen Klarheit und goldgelben
Farbe wieder. In seinem rhombischen Kristallsystem steckt die
Symbolik des (schiefwinkligen) Vierecks und damit das Sinnbild zur Schaffung eines soliden Fundaments, das auf Individu-
alität, auf erkanntem Selbstwert und bewußtem Handeln
beruht. Die Kristallform kann auch prismatisch sein und damit
Strahlkraft und Erleuchtung vermitteln.

Fundorte:
Brasilien, Rußland/Ural (GUS-Staaten),
Tschechische Republik, Japan, Madagaskar, Mexiko,
Sri Lanka, USA, Deutschland,
Nordirland, Norwegen.

Anwendung in der heutigen Edelsteintherapie

Der Edeltopas bringt uns in unsere Mitte zurück. Das bedeutet, er eignet sich gut für Menschen, die ihren Weg suchen, die unzufrieden und unglücklich sind oder sich auf unbestimmte Art disharmonisch fühlen. Dieser Stein wird dem dritten Chakra, dem sogenannten „Sonnengeflecht" zugeordnet. In Bezug auf den Topas ist dies eine sehr treffende Bezeichnung, da der Topas diesen Bereich sozusagen „erhellt". Zugeordnet werden dem dritten Chakra u. a. Magen, Darm, Leber, Galle, die Energie- und Wärmeregulierung etc. Während einer Chakrenbehandlung übt der Topas besonders auf diese Organe und Funktionen eine harmonisierende Wirkung aus. Er kann auch direkt auf ein schmerzendes Organ aufgelegt werden, um Spannungen und Blockaden aufzulösen. Ferner möchte ich nochmals die Verbindung Magen-Ingeniu (Geisteshaltung) erwähnen (siehe auch Kapitel „Saphir"), wo der Edeltopas einigen Einfluß nehmen kann. Seine Wirkung auf die Intelligenz geschieht indirekt, und zwar indem er Flexibilität, Optimismus, Motivation, Selbstwertgefühl, Bewußtheit und Kontaktfreude weckt. Letztendlich sind dies Eigenschaften, die benötigt werden, um die persönliche Geisteskraft anzuregen bzw. zu vermitteln.

Heilung aus der Küche

Fieber:
Akeleisaft, Bärwurzpulver, Bockshornklee, Brunnenkresse.

Vergiftung:
Maulbeerelixier, Petersilie, Ringelblume, heißer Stahl.

Augentrübung:
Rebtropfen, Veilchenöl, Veilchen-Rosen-Fenchel-Wein.

Milzleiden:
Edelkastanien, Edelkastanienhonig, Spindelbaumfrüchte.

Fäulnisbildung:
grüne Zedernzweige, Alantwein, Rehfleisch.

Aussatz/fleckige Haut:
Grünspechtsalbe, Habichtfett, gewärmtes Roggenbrot,
Hainbuchenspäne.

Sardius – Sarder

„Der Sarder wächst nach der Mittagszeit bei starken Regengüssen, wenn die Blätter der Bäume fallen, zur Zeit der Laubwelke. Dann, wenn die Sonne noch sehr warm, die Luft aber bereits kalt ist, wärmt die Sonne den Stein in seiner Röte. Daher ist er rein und nur von Luft und Wasser zusammengesetzt und in seiner inneren Wärme wohl abgestimmt. Mit seinen innewohnenden Kräften wendet er hereinbrechende Seuchen ab."

Mit dieser Beschreibung stellt Hildegard ein hohes Maß an Wärme, Ausgeglichenheit und Schutz dar, die der Sarder vermitteln kann. Verschiedene Beschwerden beeinflußt er unter ganz bestimmten Gesichtspunkten.

Kopfschmerzen, krankheitsbedingt:
„Wenn ein Mensch wegen verschiedener Seuchen und Krankheiten so starkes Kopfweh hat, daß es ihn fast wahnsinnig werden läßt, so binde man einen Sarder in eine Mütze oder ein Tuch, wickle dieses um den Kopf und spreche: ‚Wie Gott den ersten Engel in die Tiefe stürzte, so nehme er diesen Wahnsinn von dir, (Name des Betroffenen), und gebe dir den klaren Geist zurück'. Und er wird geheilt."

Hörprobleme/Taubheit:
„Wer durch Krankheit das Gehör verliert, der tauche einen Sarder in reinen Wein und lege ihn feucht in ein dünnes Leinentuch, das er ins taube Ohr stecken soll. Dann lege er ein feines Werg darüber, und die Wärme des Steins wird ins Ohr strömen. Das wiederhole er oft, und er wird sein Gehör wiedererlangen."

Werg ist ein feiner Flachs- und Hanfrückstand, der früher ähnlich wie unsere heutige Watte eingesetzt wurde.

Fieber/Schüttelfrost:

Wenn ein Mensch heftiges Fieber in sich hat, das sich oft in Fieberanfällen, Schüttelfrost und allerlei Unheil im Menschen äußert, so daß auch seine Haut sich erhitzt, der lege einen Sarder in den Urin, den er nach dem ersten Schlaf läßt, und spreche dazu: ‚Mit dir werfe ich in diesen Urin jenen Glanz, der nach Gottes Willen im ersten der Engel erglänzte und der wieder zu Gott zurückkehrte, damit du, Fieber, von diesem Menschen abfällst und zurückweichst‘.“

Es wird noch empfohlen, dieses Verfahren während drei Nächten anzuwenden.

Gelbsucht:

„Wer Gelbsucht hat, verfahre in der (beim Fieber) beschriebenen Weise mit dem Urin und dem Sarder. Er spreche auch die genannten Worte und tue das in drei Nächten, und er wird geheilt.“

Geburtsschwierigkeiten:

„Wenn eine schwangere Frau, vom Schmerz überwältigt, nicht entbinden kann, so streiche den Sarder über ihre beiden Lenden und sprich: ‚So wie du, oh Stein, auf Gottes Befehl am ersten Engel erstrahltest, so tritt du, oh Kind, als strahlender und in Gott ruhender Mensch hervor‘.“

Nach diesem Spruch soll man den Stein sofort an den Geburtskanal halten und die Worte sprechen: ‚Öffnet euch, ihr Wege und Pforten, kraft jener Erscheinung, da Christus als Gott und Mensch erschienen ist und die Riegel der Hölle öffnete. So tritt auch du, Kind, aus dieser Pforte heraus, ohne daß dies dein oder deiner Mutter Tod wäre.‘

Schließlich soll der Stein, in einen Gürtel gewickelt, um die Schwangere gebunden werden – „... und sie wird genesen.“

Entstehung des Sarders

Der braunrote Sarder zählt zur Familie der Chalcedone und ist ein stark eisenhaltiges Silicium-Dioxid (chem. Formel: SiO_2) mit einer Mohshärte von 6 - 7. Er entsteht aus Silicatlösungen in den Hohlräumen von Vulkangestein. In diesen Hohlräumen sammelt sich die stark wasserhaltige Kieselsäurelösung. Das Einströmen der Lösung beschreibt Hildegard mit ihrer Vision von den Regengüssen.

Die Kieselsäurelösung ist vermischt mit Eisenhydroxid, das dem Sarder sein typisches Braunorange verleiht. Dieses kann nur entstehen, wenn im vulkanischen Gestein zwar noch genügend Hitze vorhanden ist, es aber auch nicht allzu warm ist. Hildegard beschreibt den Vorgang mit „... wenn die Sonne noch sehr warm, die Luft aber bereits kalt ist, wärmt die Sonne den Stein in seiner Röte."

Fundorte:
Indien, Südwestafrika, Brasilien, Uruguay,
Rußland/Ural (GUS-Staaten), Japan.

Anwendung in der heutigen Edelsteintherapie

Mit seinem hohen Eisengehalt ist der Sarder ein Stein, auf den das Blut als Sinnbild von Lebenskraft und Vitalität anspricht. Der Sarder trägt mit dem Eisen stark schützende Schwingungen in sich, die sich positiv auf das Immunsystem auswirken. Er wird deshalb während eines Krankheitsverlaufes eingesetzt, z. B. auch bei Krankheiten, die man längere Zeit mit sich herumschleppt, ohne daß sie richtig zum Ausbruch kommen. Durch seine Sonnenkraft wirkt der Sarder anregend, das heißt, es kann sein, daß die Krankheit, z. B. eine Grippe, richtig zum Ausbruch kommt. Das widerspricht im Prinzip dem häufigen Wunsch, Krankheiten zu unterdrücken, was durch verschiedene Medikamente oft auch erfolgreich geschieht. Trotz Unterdrückung hat der Körper aber nicht vergessen, daß er eine Krankheit „bearbeiten" möchte. Er kann es nur, wenn sie zum Ausbruch kommt und alle Phasen bis zur Genesung durchläuft.

Genau dabei hilft der Sarder, was besonders im hildegardischen Fiebertext zum Ausdruck kommt. In bezug auf die kräfteraubende Geburt eines Kindes kann der Sarder helfen, auch bei größten Schmerzen nicht zu verzweifeln und aufzugeben. Wie bei Hildegard dargestellt, mobilisiert er alle Energie, um das Kind zur Welt zu bringen.

Meiner Ansicht nach, sollte er aber nicht erst bei der Geburt, sondern schon vorher die Schwangere begleiten, da er Mut, Spannkraft und Selbstbeherrschung fördert. Der Sarder wird dem zweiten Chakra und damit dem Unterleibs- und Lendenbereich zugeordnet. Beispielsweise kann man ihn während einer Heilmeditation etwa drei Fingerbreit unter dem Nabel auflegen. Von hier strömen seine Heilenergien in die zugeordneten Organe, wie z. B. Harnleiter, Dick- und Dünndarm und Nieren. Er beeinflußt außerdem Lendenwirbel, Nervensystem, Wasserhaushalt, Galle und Leber positiv. Als „Handschmeichler" bei sich getragen, hilft der Sarder, wenn es darum geht, in Einklang mit sich selbst zu kommen, neue Spannkraft zu finden und mit Mut in die Zukunft zu sehen.

Heilung aus der Küche

Kopfschmerzen, krankheitsbedingt:
Pellargonienmischpulver, Apfelknospenöl, Lorbeerfrucht,
Muskatellersalbei.

Hörschwierigkeiten/Taubheit:
Andornkraut, Goldpulver, Gundelrebenkraut.

Fieber/Schüttelfrost:
Akeleisaft, Aloemischpulver, Bärwurzpulver, Basilikumkraut.

Gelbsucht:
Brunnenkresse, Aloepulver, Bärwurz, Gänsefingerkraut,
Pfennigkrautmischung.

Geburtsschwierigkeiten:
Fenchel-Gundelrebenkrautmischung, Buchenschwamm.

Crisolirus – Chrysolith
(Peridot/Olivin)

„Der Chrysolith entsteht aus der Glut der Sonne und der Feuchtigkeit der Luft nach der Mittagszeit, bis zur neunten Stunde des Tages. Er hat beinahe eine lebensspendende Kraft in sich, so daß ein neugeborener Vogel oder ein anderes Tier, wenn der Chrysolith daneben läge, durch seine Kräfte so gestärkt würde, daß es vor seiner Zeit zu laufen begänne."

Bei diesem Stein betont Hildegard von Bingen ausdrücklich seine lebensspendende Kraft, die sogar die natürlichen Entwicklungsphasen (zumindest beim Tier) aktiviert und beschleunigt. Auch für den Menschen beschreibt sie einige Heilwirkungen.

Wissensfestigung:
„Dieser Stein festigt das Wissen des Menschen, der ihn bei sich trägt, so daß ein Mensch der gute Kenntnisse und Kunstfertigkeit hat, den Stein an sein Herz legen soll. Solange dieser dort liegt, werden Kenntnisse und Fähigkeiten nicht von ihm weichen. Denn der Chrysolith hat gewisse Kräfte von den sieben Stunden des Tages, denn während dieser Stunden ist seine Mischung entstanden. Deswegen soll man ihn auf die Haut über dem Herz legen, so daß der Leib des Menschen durch ihn erwärmt wird. Dann vertreibt er die schlechten Säfte, die das Herz des Menschen traurig machen und reinigt es."
Im Gegensatz zum Saphir, der auch die (fehlende) Intelligenz des Menschen aktivieren soll, spricht Hildegard hier von einem vorhandenen, also erlernten/erarbeiteten Wissen.

Herzschmerzen:

„Wer Herzweh hat, der benetze den Chrysolith mit Olivenöl und streiche mit dem öligen Stein über die schmerzende Stelle, und es wird ihm besser gehen."

Möglicherweise handelt es sich hier um Herzschmerzen, die durch Streß, Überforderung und Erwartungsdruck entstehen können, da Hildegard im vorigen Rezept die herzstärkende Wirkung des Steines in Zusammenhang mit Traurigkeit und schlechten Säften erwähnt.

Fieber:

„Wer Fieber hat, erwärme Wein und halte einen Chrysolith über den aufsteigenden Dampf, damit sich der Niederschlag vom Stein mit dem Wein vermischt. Diesen Wein trinke er und nehme den Stein für eine knappe Stunde in seinen Mund. So tue er es oft, dann wird es ihm besser gehen."

Abwehr negativer Energien:

„Auch die Geister der Luft schrecken vor diesem Stein etwas zurück, weil sie alles fliehen, was wohlbeschaffen und geordnet ist." Unter „Geister der Luft" versteht man (negative) Stimmungen, die einen plötzlich einholen, ferner negative fremde Gedankenenergie (z. B. nach einem Streit), aber auch Wetterempfindlichkeit, etwa bei Föhn.

Entstehung des Chrysolith

Der gelbgrün leuchtende Chrysolith ist eine Varietät des Olivin (auch frz. Peridot), seine Mohshärte liegt bei 6,5 - 7. Er ist ein Magnesium-Eisen-Silicat (chem. Formel: $(Mg\,Fe)_2\,(Si\,O_4)$ magmatischen Ursprungs, das sich auf basischem Tiefengestein bildet. Das glühende Magma und die dampfende Kieselsäurelösung beschreibt Hildegard mit dem Bild der Sonne und Feuchtigkeit, aus denen der Chrysolith entstanden ist. Seine „lebensspendende" Kraft könnte in ihrer Nennung der „siebten

Stunde" zu suchen sein, die dem Chrysolith seine Kräfte verleiht. In der Zahlenmystik steht die Sieben für das Erkennen der Mysterien der Existenz. Die Sieben ist auch der Rückzug in die Stille, die Kraft spendet, um dann voller Energie voranzupreschen. Der physische Aspekt der Sieben steht für körperliche Gesundheit. In diesem Sinne wird die gesunde Schwingung des Steines, die er in Form von herzstärkendem Magnesium, blutaufbauendem Eisen und festigendem Silicium in sich trägt, harmonisch ergänzt.

Fundorte:
Südafrika, Burma, Rußland/Sibirien und Ural (GUS-Staaten), USA, Neuseeland, Australien, Brasilien, Mexiko, Norwegen, Deutschland, Norirland, Schweden, Frankreich.

Anwendung in der heutigen Edelsteintherapie

Der Chrysolith wird dem vierten Chakra, dem Herzzentrum des Menschen zugeordnet. Viele Eigenschaften, die durch ihn gefördert werden, kommen in direkter oder indirekter Weise dann vom Herzen. Mit seinem warmen, hellen Grün unterstützt der Chrysolith Loslösungsrozesse, z. B. bei der Verarbeitung von Trauer oder wenn es darum geht, neue Lebenswege zu gehen, alte Strukturen zu erkennen und abzulegen etc. Durch belastende Situationen tatsächlich vorhandene (Herz-)Schmerzen werden mit den Chrysolith ausgeglichen und das Gefühl von Ordnung und inneren Sicherheit entsteht. Daraus erwächst selbstbestimmtes und unabhängiges Handeln, was ferner noch durch die Symbolik der rhombische Gesteinsform (solides Fundament, Selbstwert, Selbstbestimmung, irdische Ordung) unterstrichen wird. Die persönlichen Veränderungen und deren Darstellung im Außen geschehen nicht in „Ellenbogenmanier", sondern auf milde und dennoch bestimmte Art.

Die von Hildegard beschriebene Wissensbewahrung durch Auflegen des Chrysoliths auf das Herz, möchte ich in Form von

Innehalten und Reflektieren über das Erlernte und damit wiederum Vertiefung der Erkenntnisse beschreiben. Erleben kann man diese Wirkung, wenn man den Chrysolith in Lernphasen (z. B. während eines Seminars) bei sich trägt (Kette oder Trommelstein) oder ihn am Abend einige Zeit zur Entspannung und Reflektion auf das Herz auflegt.

Heilung aus der Küche

Wissensfestigung:
Quendelkrautpulver, Rettichpulver, Weihrauch,
Muskat-Zimt-Nelkenmischung.

Herzschmerzen:
Lilie, Muskatnuß, Enzianwurzelpulver, Galgant.

Fieber:
Akeleisaft, Bärwurzpulver, Bockshornklee,
Balsamkräutertee.

Abwehr negativer Energien:
Schlüsselblume, Weinraute, Veilchenelixier, Fenchelsaft,
Flohsamen, Farnkraut.

Jaspis – Jaspis

„Der Jaspis wächst, wenn sich die Sonne nach der neunten Stunde des Tages bereits dem Untergang zuneigt. Ihn wärmt noch das Feuer der Sonne, doch seine Wärme stammt mehr von der Luft als vom Wasser oder Feuer. Darum hat er auch eine gemischte Natur, weil die Sonne sich nach der neunten Stunde dem Untergang neigt und sich ihr Schein durch Umwölkung häufig verändert."

Wärme, Veränderlichkeit, die Ahnung eines Neubeginns und das Erfassen neuer Bewußtheitsebenen spricht uns aus dem Text der hl. Hildegard entgegen. Sie empfiehlt diesen Stein für eine ganze Reihe von Beschwerden.

Taubheit:
„Wenn ein Mensch an einem Ohr sein Gehör verloren hat, so halte er einen Jaspis vor seinen Mund und hauche ihn mit seinem warmen Atem an, damit er davon feucht und warm wird. Dann stecke er den Jaspis sogleich in das Ohr und verschließe den Gehörgang mit ihm. Darüber lege er feines Werg, damit die Wärme des Steines an das Ohr übergeht. So wie der Stein aus verschiedenen Luftströmungen wächst, so löst er auch die verschiedenen Krankheiten der Säfte. Auf diese Weise wird jener Mensch sein Gehör wiedererlangen."
Für dieses Rezept werden die sogenannten Jaspis-Oliven verwendet. Wie bereits erwähnt, handelt es sich beim „Werg" um feines Hanfgewebe. Als Ersatz kann man Watte einsetzen. Bei diesem Rezept könnte die Gehörschwäche auf Infektkrankheiten zurückzuführen sein, da Hildegard die Gehörlosigkeit in Verbindung mit den Säftekrankheiten nennt.

Schnupfen:

„Wer einen starken Stockschnupfen hat, der halte einen Jaspis vor den Mund und hauche ihn mit warmem Atem an, damit er davon feucht und warm wird. So stecke er den Jaspis in die Nasenlöcher und halte die Nasenlöcher mit der Hand zu, damit die Wärme des Steines in den Kopf gelangt und sich die Säfte im Kopf um so schneller und leichter lösen, und es wird ihm besser gehen."

Wie in vielen Rezepten der hl. Hildegard spielt das Anhauchen und damit die Kräfteerweckung des Steins eine wichtige Rolle. In direktem Kontakt (hier in den Nasenlöchern) mit dem jeweiligen Körperteil wird dann die feinstoffliche Energieübertragung bewirkt. Auch bei diesem Rezept werden die sogenannten „Jaspis-Oliven" bzw. kleine, ovalförmige Trommelsteine verwendet.

Gicht:

„Wenn sich im Herzen, in den Lenden oder einem anderen Körperteil wirre Säftestürme erheben, das ist die Gicht, der lege einen Jaspis auf diese Stelle und drücke ihn dort fest an, bis er warm wird. Die Gicht wird weichen, weil die wohltuende Wärme und Kraft des Jaspis jene ungesund kalten und ungesund warmen Säfte heilt und beruhigt."

Bei diesem Rezept ist zu bedenken, daß Hildegard viele sklerotische und arteriosklerotische Körpervorgänge mit Gicht bezeichnet. Deshalb verwundert es nicht, daß sie auch Herzbeschwerden nennt, da diese ebenfalls auf Verhärtung und Verkalkung der Herzgefäße zurückzuführen sind.

Alpträume/Sinnestäuschungen:

„Wem Blitz und Donner im Traum erscheinen, für den ist es gut, einen Jaspis nah bei sich zu haben. Denn Blitze und Donnerschläge entstanden beim Sturz des höllischen Engels und sind Gerichtszeichen Gottes."

Des weiteren wird beschrieben, daß derartige Träume für den Menschen Fallschlingen bedeuten, die von üblen Geistern ausgehen und von Gott gewährt sind. Letzteres kann man als Probe auffassen. Von dem Ort, an dem sich ein Jaspis befände, würden die bösen Geister aber zurückweichen: „...so haben auch die unreinen Geister vor der Reinheit des Jaspis eine Abneigung."

Konzentration:
„Wenn ein Mensch über ein Problem nachdenken und sich mit etwas befassen möchte, das ihn sehr interessiert, oder wenn er große Pläne hat oder Rat suchen will, so nehme er einen Jaspis in den Mund. Dann dringt die Kraft dieses Steines zu seinem Verstand, stärkt den Verstand und zügelt ihn, damit er sich nicht zerstreut und sich in Nebensächlichkeiten verliert, sondern sich in rechtem Maß zu wirklichem Nutzen entwickelt. Denn die Natur des Jaspis ist stabil und treibt die unsteten Säfte aus, die den Verstand ablenken, und so erreicht der Mensch einen guten Intellekt."

Geburt:
„Wenn eine Frau ein Kind zur Welt bringt und auch danach, während der Kindbettzeit, halte sie einen Jaspis in der Hand, damit die bösen Luftgeister ihr und dem Kind während dieser Zeit nicht schaden können. Denn die Zunge der alten Schlange begehrt den Schweiß des Kindes, das aus dem Schoß der Mutter austritt. Daher bedroht sie in dieser Zeit sowohl das Kind als auch die Mutter."

Die „Schlange" ist vermutlich ein Sinnbild für das „Urböse", das in der konkreten Form von Krankheit (z. B. Kindbettfieber, Infektionen etc.) nach leichten Opfern sucht und es in dem abhängigen Kind oder der geschwächten Mutter finden könnte.

Einen Hinweis auf diese Auslegung gibt auch das nächste Rezept, das sich allerdings noch abstrakter anhört:

Abwehr negativer Energien:
„Aber auch wenn an irgendeinem Platz eine Schlange ihr Zischen losläßt, dort hinterlege einen Jaspis, und ihr Treiben

wird so schwach, daß es in seiner Schädlichkeit eingedämmt wird und diese Schlange aufhören wird, dort zu zischen."

Hier könnten die negativen Energien gemeint sein, die z. B. ein Streit hinterläßt oder die durch den Ausbruch einer Krankheit im Raum sind. Der Jaspis übernimmt in diesem Fall das „Raumclearing".

Entstehung des Jaspis/Heliotrops

Der Jaspis ist ein Silicium-Dioxid (chem. Formel: $Si\,O_2$); er zählt zur Gruppe der Chalcedone und liegt bei einer Mohshärte von 6,5 – 7. Dieser Stein kann recht unterschiedlich gefärbt sein, weshalb er auch sehr verschiedene Namen trägt: Bunt-Jaspis, Brecclet-Jaspis, Roter Jaspis, Gelber Jaspis, Leoparden-Jaspis und Landschafts-Jaspis. Der Heliotrop (auch als Blutjaspis bekannt) ist ebenfalls eine Jaspisart; er ist meist dunkelgrün mit roten Punkten oder kann ocker, hellgrau bis rostrot schattiert sein. Die verschiedenen Jaspisarten entwickeln sich in Paragenese, also in einer Mineralgesellschaft, die sich in Spalten und Hohlräumen anderer Gesteine einlagert. Bei ihrer Entstehung strömt glutflüssige Silicatschmelze in die Gesteinshohlräume und verfestigt sich. Hildegard beschreibt diesen Vorgang mit den Worten: „Ihn wärmt noch das Feuer der Sonne, doch seine Wärme stammt mehr von der Luft als vom Wasser oder Feuer." Die erwähnte „gemischte Natur" des Jaspis kann man speziell im Namen des Heliotrop erkennen: helios = Sonne, tropos = Wendung. Er bringt sie auch in seiner Elementemischung aus blutaufbauendem Eisen, gefäßbefreiendem Chrom und herzstärkendem Magenesium zum Ausdruck.

Fundorte:
Indien, Brasilien, Rußland/Ural (GUS-Staaten), Ägypten, Madagaskar, USA, Australien, Großbritannien, Deutschland, Österreich.

Anwendung in der heutigen Edelsteintherapie

Für die Hildegard-Anwendungen kommen insbesondere der Heliotrop und der Rote Jaspis in Betracht. Der Heliotrop wird dem vierten Chakra, dem Herzchakra, zugeordnet, steht aber auch in enger Verbindung mit dem ersten und zweiten Chakra des Menschen. Beim Roten Jaspis ist es andersherum. Im Vordergrund bei einer Japsis-Behandlung stehen regenerative, aufbauende und schützende Prozesse, worauf die enthaltenen Elemente Silicium, Eisen, Magnesium und Chrom hinweisen. Im organischen Bereich haben die energetischen Schwingungen dieses Steins positive Auswirkungen auf Herz und Kreislauf, Gefäße, Blutaufbau, Lymphe, Immunsystem, ferner auf Harnblase, Darm und Geschlechtsorgane, Nase und Ohren. Die von Hildegard erwähnte Nasen- und Ohrenbehandlung wird auch heute noch angewandt.

Für die von Dr. Hertzka entwickelte Jaspisplatte als natürlichem „Herzschrittmacher" kommt hauptsächlich der Rote Jaspis (auch Eisenjaspis) zum Einsatz. Er empfiehlt dazu eine ca. 8 mm dicke polierte Jaspisplatte mit einem Durchmesser von 4 - 6 mm zu verwenden. Die Platte wird kalt (Naturkälte, kein Kühlschrank) auf die Herzgegend gedrückt, und zwar auf die Stelle, wo sie am unangenehmsten empfunden wird. Nach ca. 10 Minuten wird die Platte meist recht heiß und sollte zum Abkühlen abgenommen werden. Die Behandlung kann ein bis mehrmals täglich und bei Bedarf (Herzdruck, Herzschmerz) erfolgen.

Gute Erfahrungen habe ich mit dem Jaspis als Konzentrationsmittel gemacht, wobei die verschiedenen Arten einen individuellen Einfluß ausüben: Bunt-Jaspis stärkt die Intuition, Brecclet-Jaspis hilft beim Strukturieren von Ideen, Gelber Jaspis (auch Streifenjaspis) befreit von Gedankenblockaden, Landschafts-Jaspis fördert die gedankliche Sammlung, Leoparden-Jaspis weckt die Intuition, Roter Jaspis stärkt Willenskraft und Selbstdisziplin. Der Stein wird dazu – wie auch Hildegard es empfiehlt – eine oder mehrere Stunden in den Mund genommen. Wem es darum geht, die persönliche Ausdauer, Beständigkeit und Entschlußkraft weiterzuentwickeln, findet im Heliotrop, als Trommelstein ständig bei sich getragen, eine sehr gute Unterstützung. Hildegard betont nachdrücklich, daß mit dem Jaspis die Fähigkeit zum Durchdenken, aber auch zur praktischen Umsetzung entwickelt werden kann. Einen Hinweis darauf gibt uns das trigonale Kristallsystem dieser Steinart.

So versinnbildlicht ein Trigon (Dreieck) das Zusammenspiel von Bewußtsein, Überbewußtsein und Unterbewußtsein. In seinem kryptokristallinen Auftreten liegt die Symbolik des Geheimen und Verborgenen, an das man nur durch Suche gelangt. Als Raumreiniger kann man den Heliotrop in Störfeldern einsetzen, hauptsächlich, wenn es um menschliche, negative Energien geht. Probieren kann man es bei Wasseradern, Stromstörnetzen und Erdstrahlen, obwohl der Bergkristall dafür besser geeignet ist.

Heilung aus der Küche

Taubheit:
Andornkraut, Dostmischpulver, Goldpulver, Weihrauch.

Stockschnupfen:
Fenchelkraut, Dillkraut, Pellargonienmischpulver,
Andorn-Königskerzenmischung.

Gicht:
Gewürznelken, Stabwurz, Goldkurwein, Hirschleber,
Petersilien-Rosenölpackung.

Alpträume/Sinnestäuschung:
Iriswurzelmischung, Poleiminze, Betonikakraut.

Konzentration:
Muskat-Zimt-Nelkenmischung, Veilchenelixier.

Geburt:
Fenchel-Gundelrebenkrautmischung,
Buchenschwamm.

Abwehr negativer Energien:
Bibrenellwurzel, Farnkraut, Hirschhornmischung,
Störfischknochen.

Prasius – Prasem

„Der Prasem wächst, wenn die Sonne gegen Abend ihre Strahlen von der Erdoberfläche abzieht und der Tau schon naht und wenn die Sonne allmählich auf den Stein des vorgenannten Berges fällt und ihn stark erhitzt. So wird an dieser Stelle der Prasem von der Sonnenglut, der Feuchtigkeit aus Luft und Wasser und der Grünkraft des Taus hervorgebracht."

In diesem Stein findet sich die Symbolik von großer Kraft, Fruchtbarkeit und Regeneration. Hildegard von Bingen nennt zwei Rezepte mit dem Prasem.

Fieber/brennende Körper- und Hautreaktionen:
„Wer brennende Fieber hat, wickle den Prasem in ein wenig Roggenbrotteig. Um den so eingewickelten Teig binde er ein Tüchlein und lasse ihn drei Tage und drei Nächte eingebunden auf dem Nabel liegen, und das Fieber wird ihn verlassen."

Mit „brennend" bezeichnet die hl. Hildegard Fieber, das in der geröteten Haut sichtbar wird, wie z. B. Masern, Röteln, Scharlach, Wundrose bis hin zu allergischen Hautreaktionen und Sonnenbrand.

Körperverletzungen:
„Wenn jemand durch einen Sturz oder Stoß irgendwo am Körper verletzt wurde, dann nehme er altes Fett und mische je zu gleichen Teilen Salbei und Rainfarnkraut unter und drücke den Prasem in das Kräuterfett ein. Dann lasse er es von der Sonne oder vom Feuer wärmen und lege es mit dem Stein auf die schmerzende Stelle, und es wird ihm besser gehen."

Der Beschreibung nach muß man darauf achten, daß das Fett nicht flüssig wird in der Sonne, sondern lediglich weich und warm.

Entstehung des Prasem

Abgeleitet von dem griechischen „prasius", was „lauchgrün" bedeutet, kam dieser Stein zu seiner Bezeichnung Prasem. Er ist ein Silicium-Dioxid (chem. Formel: SiO_2/Quarz + $Ca_2(Mg,Fe)_5$ $(Si_8 O_{22})$ $(OH, F)_4$/Aktinolith). Als Varietät des Chalcedons durchläuft der Prasem einen durch Hitze und Druck hervorgerufenen Umwandlungsprozeß, wobei das Gestein durch heiße elementenreiche Wasserlösungen angereichert wird. Seine lauchgrüne Farbe erhält der Prasem durch feine, nadelförmige Einschlüsse von Magnesium-Eisen-Silicaten (Aktinolith und Chlorit), die man auch unter dem Namen „Strahlsteine" zusammenfaßt. In der sinnbildlichen Darstellung Hildegards wird dieser Vorgang verursacht von der Sonne, „die auf den Berg fällt", von der Feuchtigkeit in der Luft und von der „Grünkraft des Taus".

Fundorte:
Indien, Kasachstan, Armenien, Aserbaidschan (GUS-Staaten), Slowakei.

Anwendung in der heutigen Edelsteintherapie

In der heutigen Edelsteintherapie spielt der Prasem eine eher kleine Rolle. Er wird dem vierten Chakra, dem Herzchakra, zugeordnet. Dort aufgelegt, kann man die ausgleichenden Schwingungen dieses sanftgrünen Steins am besten während einer Meditation erleben.

Er fördert die Entspannung nach einem streßreichen Tag und wirkt beruhigend bei Nervosität und Reizbarkeit. Auch die

Abkühlung von Emotionen kann man mit dem Prasem erreichen, denn in seiner trigonalen Kristallstruktur steckt die Energie, die zu mehr Bewußtheit führt. So werden Erkenntnisprozesse, Selbstkontrolle und beherrschtes Handeln erleichtert.

Positiv beeinflußt wird ferner noch der obere Bauchbereich (Leber, Galle, Milz). Hildegard läßt den Stein auf den Nabel legen, als Zentrum, das die Stein-Schwingungen sammelt und weiterleitet. Aufgrund seiner Wirkung bei allen überhitzten (Körper-) Reaktionen, wird er bei Fieber, Verbrennungen, Verbrühungen, Entzündungen, Sonnenbrand und allergischen Hauterscheinungen empfohlen. Gute Erfahrungen habe ich durch Auflegen von einem oder mehreren Steinen auf die heißen Stellen gemacht. Auch die Behandlung mit einem Prasem-Elixier wirkt wohltuend und lindernd bei geröteter Haut (Elixier-Herstellung siehe Kapitel „Die praktische Anwendung von Edelsteinen"). Dabei wird die Haut mit dem kühlen Edelsteinwasser mehrmals abgetupft, wobei die Haut jeweils an der Luft trocknen soll.

Heilung aus der Küche

Fieber/brennende Körper- und Hautreaktionen:
Quendel, Quitte, Schöllkraut, Salzheringslake.

Körperverletzungen:
Schafgarbenblätter, Vogelmierenblätter.

Calcedonius – Chalcedon

„Der Chalcedon wächst, wenn die Sonne abends schon fast untergegangen, die Luft aber noch etwas warm ist. Daher zieht er seine Wärme mehr aus der Luft als aus der Sonne, und er besitzt gute Kräfte."

Hier beschreibt Hildegard von Bingen einen Stein, der das Prinzip der Luft in sich trägt und eine entsprechend leichte, unbeschwerte Energie ausstrahlt.

Schwächeabwehr/Jähzorn:
„Wenn ein Mensch diesen Stein bei sich hat, dann trage er ihn so, daß er seine Haut berührt und möglichst über einer Ader liegt. Diese Ader und das Blut nehmen die Wärme und die innewohnende Kraft des Steines auf, und leiten die Kräfte an die anderen Adern und das übrige Blut weiter. Auf diese Weise wendet der Chalcedon Schwäche von dem Menschen ab und verleiht ihm Standhaftigkeit gegen den Jähzorn, wodurch sein Verhalten so gelassen wird, daß kaum jemand gefunden werden kann, den er aufgrund einer Ungerechtigkeit verletzen würde und der seinen Zorn herausfordern könnte, auch nicht, wenn dieser angebracht wäre."
Latente Krankheiten machen sich häufig durch ein allgemeines Schwächegefühl bemerkbar. Die Schwäche kann reizbar, aufbrausend und instabil machen. Aus diesem Grund bringt Hildegard vermutlich die körperliche Schwäche mit der Nervenschwäche in Verbindung.

Selbstvertrauen/Redegewandtheit:
„Und wer sich Festigkeit und Mut wünscht, um eine Rede zu

halten und wer die Kunst des Redens beherrschen möchte, der halte einen Chalcedon in seiner Hand und hauche ihn mit seinem Atem an, damit sich der Stein beschlägt. Dann lecke er die Feuchtigkeit mit der Zunge ab, und er wird mit größerer Sicherheit zu den Menschen sprechen können."

Entstehung des Chalcedons

Der hellblaue, oft weißgebänderte Chalcedon ist ein Silicium-Dioxid (chem. Formel: $Si\,O_2$), mit einer Mohshärte von 6,5 - 7. Er entsteht durch Auskristallisierung von Kieselsäure in Spalten oder Hohlräumen von Gesteinen oder bei der Metamorphose von Sedimentgestein. Dieser postvulkanische Prozeß vollzieht sich bei verhältnismäßig niedrigen Temperaturen, weshalb der Chalcedon ein eher kühlender Stein ist.

Ein Interpretationshinweis hierfür liegt in der von Hildegard erwähnten „bereits untergegangenen Sonne". In der Regel bildet der Chalcedon traubig-nierige Aggregate, die an Wolkenbildung erinnern. In ihrer inneren Struktur sind sie oft von feinem konzentrisch-radialstrahligem Aufbau, worunter die Symbolik gebündelter Festigkeit verstanden werden kann.

Fundorte:
Brasilien, Uruguay, Indien, Sri Lanka, Madagaskar, Mexiko, Syrien, Rußland/Ural und Insel Sachalin (GUS-Staaten), USA, Deutschland, Italien, Österreich.

Anwendung in der heutigen Edelsteintherapie

Die kühlende und ausgleichende Wirkung des Chalcedons macht sich sowohl im körperlichen Bereich, z. B. bei Fieber, Sonnenbrand und entzündeter Haut, bemerkbar als auch in Situationen, die emotional stark belastend sind. Seine Unterstützung spürt man relativ rasch. Bei heißen und brennenden

Hauterscheinungen habe ich gute Erfahrungen mit der Chalcedonscheibe gemacht. Sie wird für einige Zeit (bis die Scheibe warm geworden ist) auf die schmerzende Haut aufgelegt und bei Bedarf dann durch eine frische, kühle Scheibe ersetzt. Entsprechend seiner hellblauen Farbe wird der Chalcedon dem fünften Chakra und damit dem Hals- und Brustbereich zugeordnet. Er aktiviert die Selbstheilungskräfte in bezug auf Hals, Stimmbänder, Luftröhre, Lungen, Mandeln, Hormondrüsen und Milchdrüsen. Ferner wirkt er sich harmonisierend auf den Wasserhaushalt, auf Haare und Nägel aus. Bei Beschwerden in einem dieser Bereiche empfiehlt es sich, eine kurze Chalcedonkette um den Hals zu legen oder ihn an einem Halsreif im Halsgrübchen zu tragen. Sein Einfluß wird oft als ein Empfinden von Weite in Hals und Brust geschildert. Bei Grippe oder Schnupfen wirkt sich das besonders wohltuend aus, da sich die Verschleimungen lösen und über die Nase ausgeschieden oder leichter abgehustet werden können.

Als Silicium-Dioxid trägt der Chalcedon festigende Schwingungen in sich, weshalb seine „Zweifachwirkung" auf Persönlichkeit und Stimme heute wohl die bekannteste (und eine sehr wirkungsvolle) ist. Gern wird er als „Rednerstein" bezeichnet, der den Menschen zu allen Auftritten in der Jackentasche, am besten aber als Kette getragen, begleitet. Meine Erfahrung ist, daß man durch ihn eine Angelegenheit durchdachter und plastischer darstellen kann. Die Sprache wird flüssiger und Räuspern, Heiserkeit und Stottern werden gemildert. Mit dem Chalcedon behält man sozusagen den „roten Faden".

Heilung aus der Küche

Schwächeabwehr/Jähzorn:
Gemischtes Lattichpulver, Mispelfrucht, Edelkastanienextrakt.

Stimme/Selbstvertrauen:
Königskerzenmischung, Straußenleber, Rosenlakritze.

Crisoprassus – Chrysopras

„Der Chrysopras wächst zu der Stunde, wenn sich die Sonne schon ganz zurückgezogen hat und Luft und Wasser mehr eine trübe und grünliche Färbung annehmen. Deshalb hat der Stein die Kraft jener Nächte, wenn der Mond von der Sonne gestärkt ist und er halb, aber noch nicht ganz voll ist. Seine große Kraft schöpft er aus einer ausgeglichenen Wärme, er ist nicht allzu warm, sondern eher gemäßigt."

Bei der Hildegard-Beschreibung treten zwei Eigenschaften des Chrysopras in den Vordergrund: seine Ausgewogenheit und eine gewisse (der Mond ist im Spiel) geheimnisvolle Kraft. Tatsächlich nennt sie einige treffende Rezepte.

Gicht/Rheumatische Beschwerden:
„Wenn ein Mensch an irgendeinem seiner Glieder von Gicht geplagt wird, so lege er dort auf die bloße Haut einen Chrysopras, und die Gicht wird schwinden."

Gicht und Rheumatismus, überhaupt Funktions- und Bewegungseinschränkung (Paralysis), bezeichnet die hl. Hildegard oft mit Gicht. In ihrer Kräuterheilkunde fällt auf, daß sie auch Zorn in Verbindung mit Gicht bringt, vermutlich weil alle negativen Empfindungen und Reaktionen säurebildend im Körper wirken und damit die genannten Krankheiten begünstigen.

Zorn:
„Wenn ein Mensch äußerst in Zorn gerät, halte er diesen Stein so lange an seine Kehle, bis er sich erwärmt hat, und er wird keine zornigen Worte hervorbringen können, bis sich sein Zorn wieder gelegt hat."

Gift:

„Wenn sich dieser Stein an einem Ort befindet, wo sich ein tödliches Gift befindet, verliert dieses seine Stärke, so daß es schwach wird wie gewöhnliches Wasser, also unwirksam, da sich seine Hitze verliert bis es unschädlich ist."

Ähnlich wie beim Topas-Antigiftrezept glaube ich, daß man auch bei diesem Rezept zwischen den Zeilen lesen sollte. Es gibt den alten Ausdruck „es giftet mich", in dem eine Steigerung von zornig sein steckt. Möglicherweise meint Hildegard extrem „giftige" Situationen, wo auch Worte Gift sein können, z. B. Gefühle töten können. Und: Wissen wir, wieviele Zellen aufgrund eines Streites absterben?

Epilepsie:

„Ein Mensch, der an der hinfallenden Krankheit leidet, habe immer einen Chrysopras bei sich, und der nächtliche Anfall von Fallsucht wird ihn nicht mehr treffen. Dann können die Geister der Luft ihren Spott mit ihm nicht treiben, so daß der Kranke aus seinem Mund keinen Schaum mehr ausspeien wird."

Gegen Epilepsie ergänzen sich bei Hildegard zwei Steine: Der Smaragd, der für die bei Tag auftretenden Anfälle eingesetzt werden soll, sowie der Chrysopras für die nächtlichen.

Besessenheit/Wahnvorstellungen:

„Wenn ein Mensch vom Teufel besessen ist, so gieße man ein wenig Wasser über den Chrysopras und spreche dabei: ‚Oh, Wasser, ich gieße dich über diesen Stein mit jener Macht, durch welche Gott die Sonne mit dem Lauf des Mondes verknüpfte'."

Nach der hl. Hildegard soll man dem Kranken von diesem Steinwasser zu trinken geben, auch wenn er es nicht gern trinkt. Der Teufel werde von diesem Wasser gequält und immer schwächer, so daß sein Einfluß schwindet. Während fünf Tagen soll die Wasser-Beschwörung und das Trinken stattfinden. Am fünften Tag soll außerdem mit dem Wasser ein Brötchen gebacken werden, das der Kranke essen soll. Dann werde der Luftdämon (wenn es kein bösartiger ist) weichen. Ob es sich nun um einen gut- oder bösartigen Geist handelt, kann man prüfen. Ein gutartiger Geist läßt „seinen" Menschen freundlich lachen, ab und zu mit den Zähnen knirschen oder auch mal griesgrämig sein. Der vom bösartigen Geist Besessene schweigt, ist widerwillig, trägt die Hände verkrampft und hat Schaum vor dem Mund. Durch den Chrysopras schwindet nur der gutartige Geist, der bösartige wird nur geschwächt. Über die Ursache dieser Chrysopras-Wirkung berichtet Hildegard:

„Weil die gute temperierte Kraft des Chrysopras die untemperierten Säfte dieser Krankheit mildert und weil auch die bösen Geister vor seiner Temperanz zurückschrecken, denn sie lieben die untemperierte Unmäßigkeit über alles."

Entstehung des Chrysopras

Auch der Chrysopras zählt zur Familie der Chalcedone und ist demnach ein Silicium-Dioxid (chem. Formel: $Si\ O_2$), die Mohshärte liegt bei 6,5 - 7. Er unterscheidet sich von den anderen, zum Teil schon besprochenen Chalcedonen (Chalcedon, Onyx, Sarder, Sardonix , Jaspis) durch seinen hohen Gehalt an Nickel, ferner enthält er Beimengungen wie Chrom, Mangan und Calcium. Durch Verwitterungsprozesse entsteht an der Oberfläche und im Gestein Kieselsäure, die dann zu den tiefliegenden Nickelerzschichten vordringt und sich mit dem Nickel verbindet. In diesem Fall ist die Kieselsäure also nicht magmatischen Ursprungs, womit Hildegard die nicht vorhandene Sonne beim Entstehungsprozeß gemeint haben dürfte.

Die Farbe des Chrysopras kommt durch wasserhaltige Nickel-Silicate zustande. Hildegard beschreibt diesen Vorgang mit „wenn Luft und Wasser eine grünliche Färbung annehmen." Der Prozeß, der sich in der Dunkelheit der Gesteine abspielt, findet seinen Vergleich in der mondbeschienenen Szenerie des hildegardischen Textes. Im Verlauf seiner Entstehung (seiner

Austrocknung) durchläuft der Chrysopras im Grunde verschiedene Gesteinsarten vom wasserreichen Prasopal, überge-
hend in Cristobalit bis zum Chrysopras. Das Kristallgitter des
Steines ändert sich in seinem Austrocknungsprozeß fort-
schreitend, vom rechteckigen über ein viereckiges bis hin zu
einem dreieckigen Kristallgewebe. Darin steckt die Symbolik
von Polarität, Materie und Geist, womit die ebenso starke wie
ausgeglichene Kraft des Chrysopras zum Ausdruck kommt.

Fundorte:
Indien, Polen, Brasilien, Australien,
Rußland/Tschuktschengebiet (GUS-Staaten),
Tschechische Republik, USA, Südafrika, Deutschland.

Anwendung in der heutigen Edelsteintherapie

Der Chrysopras wird dem Herzchakra (viertes Chakra) zugeordnet und beeinflußt Herz, Nervensystem, Stoffwechsel, Keim-
und Hormondrüsen, Zellaufbau und Blutzuckerspiegel. Zum
einen spielt hier seine apfelgrüne Farbe mit ihrer regulieren-
den, beruhigenden und aufbauenden Wirkung eine Rolle, zum
anderen die Schwingungen seiner Elemente. So steht Silicium
für Festigkeit, Nickel für Ausgleich, Chrom für Klarheit und Calcium für Stabilität, was sich im körperlichen wie im geistig-seelischen Bereich auswirkt.

Chrysopras wird gern als der „Stein des Loslassens" bezeichnet und gilt als guter Begleiter in schwierigen Lebensstiuatio-
nen. Er hilft, aus einem „Tal der Tränen" wieder herauszufin-
den, neue Hoffnung und Mut zu schöpfen. Loslassen kann auch
in Bezug zur Entgiftung stehen.

Im körperlichen Bereich regt der Chrysopras die Leber als
Entgiftungsorgan an und fördert die Ausscheidung über die
Nieren. Im seelischen Bereich neutralisiert er, wie auch Hildegard schreibt, „Seelengifte", so den Zorn, aufbrausende Emotionen, Verbitterung und Enttäuschung. Schon mehrfach konn-

te ich feststellen, daß der Chrysopras eine erhellende Wirkung (wie der Mond in der Dunkelheit) besitzt, mit der er die Erkenntnisfähigkeit fördert. Wie es beim hildegardischen Epilepsie-Rezept zum Ausdruck kommt, entfaltet der Chrysopras seine Kräfte insbesondere in der Nacht. Deshalb kann er auch körpernah in der Nacht getragen werden, um den regenerativen Effekt der Nachtruhe ganzheitlich zu unterstützen.

Heilung aus der Küche

Gicht/Rheuma:
Gewürznelken, Hirschleber, Goldkurwein, Stabwurz, Petersilien-Rosenölpackung.

Zorn:
Edelkastanienextrakt, gelöschter Wein.

Gift (Lebensmittel/allergische Reaktionen):
Wal-Lungen-Leberpulver, Maulbeerelixier, Petersilie, Ringelblume.

Epilepsie:
Entenschnabelmischpulver, Straußenfleisch.

Besessenheit/Wahn:
Balsamkräutertee, Betonikakraut, Iriswurzelmischung.

Carbunculus – Karfunkel/Rubin

„Der Rubin wächst bei Mondfinsternis, wenn der Mond, wie es scheint aus Überdruß, sich verfinstert als ob er verlösche, um auf göttlichen Befehl Hungersnot, Seuchen oder politische Wirren anzukündigen. Dann sendet die Sonne all ihre Kräfte ins Firmament, wärmt den Mond mit ihrer Glut und entfacht das Feuer wieder in ihm und läßt ihn wieder aufleben – so wie jemand seine Zunge in den Mund des anderen steckt, um ihn vom Tode zu erwecken, wenn er schon fast gestorben ist. Und zu dieser Stunde entsteht der Rubin. Daher hat er seinen Glanz vom Feuer der Sonne bei zunehmendem Mond, so daß er mehr bei Nacht als am Tage leuchtet. So wächst er, bis die Sonnenhitze ihn auswirft. Wie eine Mondfinsternis ist auch der Rubin und seine Kraft selten, und er soll mit großer Vorsicht und Sorgfalt eingesetzt werden."

Mit dieser Beschreibung wird deutlich, daß es sich beim Rubin um einen Edelstein mit großer (wieder-) belebender Kraft handelt. Die nachfolgenden Rezepte gewinnen noch an Bedeutung unter dem Hildegard-Aspekt „...so daß der Rubin mehr bei Nacht als am Tage leuchtet..." Entsprechend wird er in einem Fall für eine nächtliche Behandlung von ihr empfohlen. Wenn man außerdem die Nacht im Sinn von einer ausgebrochenen Krankheit versteht, ergibt es sich, daß seine Kraft gezielt dann, und nur dann, eingesetzt werden soll.

Infektionen/Fieber/Schüttelfrost/Schwäche:
„Wenn jemand von einer Krankheit, einem Fieber/Schüttelfrostanfall, einem anderen fiebrigen Zustand, der Gicht oder einer anderen Schwäche befallen wird, lege er einen Rubin um

Mitternacht – weil sich da seine Kraft besonders gut entfaltet – auf den Nabel des Kranken, und zwar gerade dann, wenn eine Änderung der Säfte stattfindet."

Der Rubin soll nur so lange auf dem Nabel verbleiben, bis der Kranke spürt, daß ihm warm wird. Dann soll man den Stein sofort abnehmen, da seine Kraft sonst den ganzen Körper durchdringen und austrocknen könnte. Richtig angewandt, bereinigt er nach Hildegard alle Infektionskrankheiten.

Die aus der chinesischen Heilkunde bekannte Organuhr zeigt auf, zu welcher Zeit die verschiedenen Organe ihre aktiven und passiven Zeiten haben, wann also die „Änderung der Säfte" in eine neue Phase übergeht. So arbeitet um Mitternacht die Leber als Entgiftungsorgan am intensivsten. Ferner wird durch die mitternächtliche Rubin-Auflage auch die zu dieser Zeit arbeitende Gallenblase angeregt. So können Krankheitserreger, die sich in der dort gesammelten Gallenflüssigkeit befinden, abgebaut werden.

Kopfschmerzen:

„Wenn jemand Kopfschmerzen hat, lege er einen Rubin für eine knappe Stunde auf seinen Scheitel, so lange, bis seine Haut dort warm geworden ist. Dann nehme er den Stein sogleich ab, denn die Kraft dieses Steines durchdringt seinen Kopf schneller und stärker als die beste Salbe das tun könnte, und so wird es seinem Kopf bessergehen."

Wetterfühligkeit/Stimmungsschwankungen:

„Überall, wo sich ein Rubin befindet, können die Geister der Luft ihr Gaukelspiel nicht voll ausführen, weil sie den Rubin fliehen und ihm ausweichen."

Luftgeister kann man negativen atmosphärischen Tendenzen gleichsetzen. Sie können z. B. als Wetterfühligkeit erlebt werden.

Zu den „Luftgeist-Erkrankungen" zählen plötzlich auftretende Launen, Stimmungsschwankungen bis hin zur Empfindung, daß (Haus-)Dämonen um einen sind.

Frischhaltung:

„Wenn du diesen Stein auf Kleider oder andere Sachen legst, werden sie dauerhafter und sie modern nur schwer."

Mit diesem Rezept stellt Hildegard von Bingen eine in der Tat „belebende" Wirkung des Rubins dar. Spinnt man den Faden von der modernen Kleidung weiter bis hin zur Schimmel- und Pilzbildung, könnte der Rubin ein natürliches Mittel gegen Pilzinfektionen sein.

Entstehung des Rubins

Der Rubin ist ein Aluminium-Oxid (chem. Formel: $Al_2 O_3$) mit Beimengungen von Chrom, Eisen, Mangan, Calcium, Phosphor, Schwefel, teils auch Selen und Zink. Seine Farbvariationen liegen bei rot, bläulichrot, braunrot bis himbeerrot, und diese Rottöne sind auf den Chromgehalt zurückzuführen. Er zählt zu der Mineralgruppe der Korunde (wie auch der beschriebene Saphir) und entsteht in Kontaktmetamorphose, häufig auch direkt aus der Schmelze. Wenn das heiße Magma ins Gestein dringt, kommt es zu Umbildungen in den Gesteinsschichten. Hildegard beschreibt dies mit dem Bild „wenn die Sonne all ihre Kräfte ins Firmament sendet." Der Rubin kristallisiert während seines Entstehungsprozesses trigonal und bildet tafelige prismatische, rhomboedrische oder doppelpyramidige Kristallformen aus. Die Interpretation der Formensymbolik zeigt Parallelen zur eingangs erwähnten Kraft des Mondes auf, schicksalhafte Ereignisse anzukündigen. So bedeuten diese Kristallformen mit ihrem spiegelnden Effekt Bewußtseinsöffnung, Erhellung und Erkenntnisfindung. Mit einer Mohshärte von 9 zählt der Rubin zu den härtesten Steinen, worin auch ein Sinnbild für seine kraftvolle Wirkweise gesehen werden kann.

Fundorte:
Indien, Sri Lanka, Burma, Thailand, Ostafrika, Australien, USA, Rußland (GUS-Staaten), China, Madagaskar, Brasilien.

Anwendung in der heutigen Edelsteintherapie

Der Rubin gilt in der Edelsteintherapie als sehr kraftvoller Stein, wie ihn auch die hl. Hildegard beschreibt. Er hat intensiv anregende Schwingungen, die sich auf Blut, Blutkreislauf, Immunsystem, Herz, Geschlechtsorgane, Ohren, Augen und die Thymusdrüse auswirken.

In der Chakrenlehre wird der Stein dem ersten Chakra, dem Wurzelzentrum, zugeordnet, das in Höhe des Schambeins liegt. Dort kann man ihn beispielsweise während einer Meditation auflegen, wobei seine feinstofflichen Energien auch an die o.g. Organe weitergeleitet werden. Recht schnell spürbar wird seine Wirkung in einer angeregten Durchblutung und Herztätigkeit. Wenn es darum geht, Schwächezustände zu überwinden, ist der Rubin ein sehr geeigneter Stein. Ich bezeichne ihn gern als „Zündfunke", der neue Lebenskraft und Vitalität weckt, so daß man neu motiviert und selbstbewußt an seine Aufgaben herangeht. Der Rubin ist außerdem das Symbol der Liebe und Sexualität. Seine intensiv wärmende und anregende Energie fördert das erotische Empfinden. Durch ihn kann sich die Liebe, die aus dem Herzen kommt, in harmonischer körperlicher Ausdruckskraft zeigen.

Heilung aus der Küche

Infektionen:
Salbei-Wein, Basilikumkraut, Dinkel, Beifußhonig, Quitte, Rote Rüben.

Fieber:
Akeleisaft, Bärwurzpulver, Basilikumkraut, Bockshornklee.

Schüttelfrost:
Aloemischpulver, Basilikumkraut.

Die Hildegard-Heilsteine
Bildtafeln

Im grünen *Smaragd* steckt der Energieschub eines
erwachenden Tages.

Ausgleich, klare Sicht und präzise Gedanken sind Qualitäten,
wie sie vom orangebraunen *Zirkon* gefördert werden.

Ein Edelstein contra Streit und Aggression –
der wasserklare *Beryll*.

Der schwarze *Onyx* (oben) trägt die Kraft der Sonne in sich
und vermittelt innere Kraft, Balance und Zuversicht.

Die Stärke des schwarzbraungemusterten *Sardonyx* (unten) liegt
in seiner ausgleichenden Wirkung auf Körper und Sinne.

Von Liebe und Weisheit getragen, vermittelt der blaue *Saphir* (oben)
intensiv harmonisierende Schwingungen auf Körper, Geist und Seele.

Wirkt belebend, erneuernd und schützend in vielen Bereichen:
der *Topas* (unten).

Mit seinem hohen Eisengehalt ist der rotbraune *Sarder* (oben)
ein Stein, auf den das Blut als Sinnbild von Vitalität anspricht.

Der gelbgrüne *Chrysolith (Peridot)* (unten) kurbelt die Lebenskräfte
an, fördert die Wissensfestigung und stärkt das Herz.

Die „gemischte Natur" des vielfarbigen *Jaspis* (oben) macht ihn
zu einem vielseitigen Heilstein.

Im lauchgrünen *Prasem* (unten) findet sich die Symbolik
von großer Kraft, Fruchtbarkeit und Regeneration.

Mit seiner befreienden Energie unterstützt der apfelgrüne
Chrysopras (oben) viele Heilungs- und Bewußtseinsprozesse.

Von kühlender und ausgleichender Wirkung, trägt der himmelblaue
Chalcedon (unten) viel zu einem positiven Selbstwertgefühl bei.

Die intensive Kraft des *Rubins* (oben) soll mit Bedacht
und Sorgfalt eingesetzt werden.

Im *Amethyst* (unten) vereinen sich die Elemente Feuer und Luft;
in ihm stecken sowohl anregende als auch befreiende Kräfte.

Harmonische Bewußtseinsarbeit ist mit dem *Achat* möglich,
ferner vermittelt er schützende Energien.

Der *Magnetit* (oben) besitzt – in Verbindung mit dem
menschlichen Speichel – intensiv abziehende Wirkkräfte.

Von mächtigen Naturgewalten hervorgebracht, beeinflußt
der *Diamant* (unten) einige massive Beschwerden.

Wärme, Kraft und Freude sind Qualitäten,
die der *Bernstein* in sich trägt und übertragen kann.

Der *Bergkristall* ist Sinnbild ganzheitlicher Klarheit und Festigkeit.

Der *Karneol* in Wein gelegt, dämmt Nasenbluten ein.

Anstelle von Kalk werden in der heutigen Edelsteintherapie häufig
Calcite, hier ein orangefarbiger *Calcit* (oben), eingesetzt.

Von Hildegard als „lauwarm" beschrieben, vermittelt *Alabaster*
(unten) in belastenden Situationen eine gewisse Neutralität.

Schwächezustände:
Lattichpulver, Mispelfrüchte, Habichtskrautmischung.

Wetterfühligkeit/Stimmungsschwankungen:
Walfischlunge, Dinkel.

Kopfschmerzen:
Galgant, Aloemischpulver, Apfelknospenöl,
Bärwurzbirnhonig.

Ametistus – Amethyst

„Der Amethyst wächst, wenn die Sonne einen Hof hat, als trüge sie einen Kronreif (Sonnenhalo), und das geschieht, wenn sie eine Änderung am Kleid des Herrn, also in der Kirche, anzeigt. Der Amethyst wächst so massenhaft wie Flinz (Eisenspat) und deshalb gibt es viele von ihm. Er ist warm und feuerartig und auch ein wenig luftartig, weil zu jener Zeit, wenn die Sonne den genannten Hof zeigt, die Luft etwas lau ist."

Der Amethyst vereint nach Hildegard die Elemente Feuer und Luft, was ihn für verschiedene Zwecke einsetzbar macht.

Haut, fleckige:
„Wenn ein Mensch in seinem Gesicht Flecken hat, befeuchte er den Amethyst mit seinem Speichel und streiche mit dem so angefeuchteten Stein über die Flecken. Ferner soll er Wasser am Feuer wärmen und den Amethyst über das Wasser halten, so daß sich sein Schweiß mit dem Wasser vermischt. Danach lege er den Stein in das Wasser und wasche mit diesem Wasser das Gesicht. Das tue er häufig, und so wird seine Haut und Gesichtsfarbe schön."

Eine nähere Beschreibung der Flecken gibt Hildegard von Bingen nicht. Gemeint sein dürften Fleckenbildungen aufgrund allergischer Hautreaktionen, auch Sommersprossen, Altersflecken, Feuermale, Muttermale, durchaus auch übertriebene Wangenröte.

Schwellungen:
„Wenn ein Mensch irgendwo an seinem Körper plötzlich anschwillt, befeuchte er einen Amethyst mit seinem Speichel

und berühre mit dem so angefeuchteten Stein alle Stellen der Geschwulst. Diese werden sich verkleinern und verschwinden."

Der Text stellt ein schnell gewachsenes Geschwulst in den Vordergrund und dürfte sich damit auf alle oberflächlichen Geschwürbildungen beziehen, ferner auch auf Schwellungen, wie sie sich nach einer Prellung, einem Stoß oder Schlag sofort bilden.

Insektenstiche/Spinnenbisse:
„Wenn ein Spinnentier einen Menschen gebissen hat, streiche er mit dem Stein über diese Bißstelle, und er wird geheilt werden."

Ob die hl. Hildegard mit „Spinnentieren" auf gefährliche Giftspinnen der Tropen anspielt, ist zweifelhaft. Eher wahrscheinlich ist ein Bezug zu dem Biß der Zecken, der gefährlich werden kann. In diesem Fall sollte der Stein dennoch nicht zu der Nachlässigkeit führen, eine nötige medizinische Behandlung zu unterlassen. Als ergänzende Maßnahme ist der Amethyst aber zu empfehlen.

Abwehr negativer Energien:
„Schlangen und Nattern fliehen vor diesem Stein und meiden den Ort, wo sie ihn wahrnehmen."

Schon die Bibel spricht bei manchen Menschentypen von „Schlangen- und Natterngezücht", was die bildhafte Darstellung Hildegards wohl ebenfalls zum Ausdruck bringen möchte. Demnach schreckt der Amethyst Menschen ab, die einem durch ihr „Gift" gefährlich werden können.

Läuse:
„Ein Mensch der viele Läuse hat, lege einen Amethyst für fünf Tage in kaltes Wasser. Dann nehme er ihn heraus, erwärme das Wasser und halte den Stein darüber, so daß der Schweiß des Steines sich mit dem Wasser vermischt. In dieses Wasser lege er den Stein für eine Stunde und bereite danach aus dem Wasser ein Dampfbad und von diesem Dampf lasse er sich

durchfeuchten. So wird er durch die Kraft des Steines nach vier oder fünf Wochen geheilt. Sollte er wieder in oder an sich Läuse bemerken, wiederhole er die Behandlung und sie werden verschwinden."

Im weiteren Text wird geschildert, daß Läuse in krankem Fett und krankem Schweiß wachsen, was den Schluß zuläßt, daß Läuse prächtig im Haar- und Kopffett gedeihen. Die beschriebenen Läuse könnten sich dem Rezept nach auch auf innere, sich rasch ausbreitende Krankheiten beziehen; in diesem Fall vermutete Dr. Hertzka die Krebskrankheit.

Entstehung des Amethyst

Der Amethyst ist eine Quarzvarietät mit der Mohshärte 7. Das Silicium-Dioxid (chem. Formel: SiO_2) entsteht durch magmatisch-hydrothermale Prozesse. Dabei bilden sich im Vulkangestein kleinere und größere Hohlräume, in die die heiße Kieselsäurelösung einströmt und dann mit sinkender Temperatur auskristallisiert. Beim Amethyst sind an diesen Vorgang noch Eisen-, Mangan- und Titan-Beimengungen gebunden, die sich mit der Kieselsäurelösung vermischen. Seine zartlila bis tiefviolette Färbung entwickelt sich durch radioaktive Bestrahlung und durch Beimengungen von Eisen. Ein enger Bezug zur Beschreibung der hl. Hildegard ist zu erkennen. Für die magmatische Hitze im Erdinnern vermittelt sie uns ein von Sonnenhalo und warmer Luft beherrschtes Bild. Die Betonung Hildegards liegt auf dem „Hof um die Sonne", so, wie der Amethyst zwar in einiger Entfernung zum Magma, aber dennoch aus der vom Magma erhitzten Kieselsäurelösung entsteht.

Fundorte:

Brasilien, Uruguay, Sri Lanka, Madagaskar, Südwestafrika, Rußland (GUS-Staaten), Tschechische Republik, Rumänien, USA, Frankreich, Deutschland.

Anwendung in der heutigen Edelsteintherapie

Geistige Reinigung, innere Einkehr, Meditation, Weisheit und Gottesbewußtsein sind wichtige Themen des hell- bis dunkelvioletten Amethysts. Er öffnet den Menschen, der ihn bei sich trägt oder mit ihm meditiert, für eine umfassende Betrachtungsweise der geistigen Welt und lehrt ihn, dies in Demut zu tun. Er bringt Ruhe, Stille und Frieden in unser Wesen und hilft, zur eigenen Wahrheit vorzudringen. Von ihm gehen Impulse für die persönliche spirituelle Entwicklung und Freiwerdung aus. Freiwerden bedeutet meist, sich von etwas zu lösen, an das man sich bewußt oder unbewußt klammert, z. B. an überholte Verhaltensstrukturen, alte seelische Verletzungen, Verluste usw. Hier hilft der Amethyst, die Verstrickung zu erkennen und aufzulösen.

Auch im körperlichen Bereich hat der Amethyst loslösende Wirkung. Mit ihm fällt es leichter, in einen Entspannungszustand zu gelangen, so daß sich körperliche Anspannungen im Nacken- oder Schulterbereich, aber auch bei streßgeplagten Organen wie Magen, Darm, Herz etc. lösen können.

Wirksam ist der Amethyst sogar im Schlaf. Unters Kopfkissen gelegt, fördert er den erholsamen Schlaf und das Erinnerungsvermögen an die nächtlichen Träume. Die intensiv beruhigende Wirkung dieses Steins wird auch auf der Haut sichtbar, wie ich in einigen Fällen beobachten konnte. Der Amethyst kann bei Juckreiz, Spannungszuständen und Fleckenbildungen – nach Hildegard-Rezept – eingesetzt werden. Sehr gute Erfahrungen habe ich mit der „Amethystmaske" gemacht, wozu mehrere Steine für etwa 20 Minuten auf das Gesicht oder die entsprechende Hautzone aufgelegt werden. Aus der frühen traditionellen Edelsteinheilkunde entstammt ein aus dem Namen abgeleitetes Rezept – griech. amethyein = unberauscht. Demnach hilft der Amethyst, der Trunksucht zu widerstehen. Empfohlen wird, den Stein häufig im Mund zu tragen. Letzteres kann auch eine Fastenkur erleichtern und den Fastenden vor Eßgelüsten bewahren. Die intensiv reinigende Wirkung von

Amethystdrusen kann man sehr gut zur Atmosphärenklärung in Räumen oder zur energetischen Reinigung für Edelsteine, Schmuckstücke, Uhren usw. einsetzen. Die Druse wird hierzu für mehrere Stunden (am besten über Nacht) in dem problematischen Raum plaziert und neutralisiert in dieser Zeit die negativen Schwingungen, die im Zimmer sind. Edelsteine usw. werden in die Druse gelegt, um dort wieder energetisch aufgeladen zu werden. Das empfiehlt sich, wenn beispielsweise eine Aufladung in der Sonne nicht möglich ist.

Heilung aus der Küche

Haut, fleckige:
Pfirsichbaumsaft, Salzheringslake, Quendel, Hasengalle, Buchsbaumsaft.

Schwellungen:
Erlenblätter, Veilchenöl/-salbe, Tannensamen.

Insektenstiche, Spinnenbisse:
Wegerichsaft, Rinds-/Kalbsfußsuppe.

Läuse:
Balsamkrautfett.

Achates – Achat

„Der Achat wird aus dem Sand eines Gewässers geboren, das sich von Osten bis in den Süden erstreckt. Er ist warm und feurig, doch besitzt er die größere Kraft aus der Luft und dem Wasser. Wenn der Wasserspiegel fällt und der Sand trocknet, dann wird ein Teil des Sandes von Hitze, Sonne und der Reinheit der Luft durchdrungen, so daß dieser Stein erstrahlt. Steigt das Wasser wieder, überspült es die Achatsteine und trägt sie mit sich fort in andere Gegenden."

Die Sonne und die Reinheit der Luft treten beim Achat in den Vordergrund. Seine warme und feurige Kraft rät Hildegard wie folgt einzusetzen:

Fehlende Feinfühligkeit/Jährzorn:
„Wenn ein Mensch den Achat bei sich trägt, soll er ihn auf die bloße Haut legen, damit er sie erwärmt. Im Wesen des Achats liegt es, den Menschen geschickt, feinfühlig und klug im Gespräch zu machen, weil dieser Stein von Feuer, Luft und Wasser hervorgebracht wurde. Denn wie giftiges Gewächs am Menschen Geschwüre und Blasen auf der Haut hervorrufen kann, so fördern bestimmte Edelsteine auf der Haut die Gesundheit und Verständigkeit des Menschen."

Insektenstiche:
„Wenn eine Spinne oder ein anderes Gewürm sein Gift über einem Menschen verspritzt, aber so, daß es noch nicht in seinen Körper eingedrungen ist, dann wärme er den Achat stark in der Sonne oder auf einem heißgemachten Ziegel und lege den Stein dann auf die schmerzende Stelle, und der Stein zieht das

Gift heraus. Auf diese Weise erwärme er den Stein nochmals und halte ihn dann über den Dampf von heißem Wasser, so daß sich der Schweiß des Steines mit dem Wasser vermischt. In dieses Wasser lege er den Stein für eine knappe Stunde. Dann tränke er ein Leinentuch mit diesem Wasser und tupfe die Körperstelle, wo der Spinnenbiß oder ein anderes Gift sich befand, mit diesem Tuch ab, und er wird geheilt werden."

Die hildegardische Umschreibung vom Zeitpunkt des Giftkontaktes macht deutlich, daß der Achat eingesetzt werden soll, wenn man die Stechmücke, Biene, Wespe oder Zecke sofort nach dem Aufsetzen oder Einstich entfernen konnte.

Epilepsie/Mondsucht:

„Wenn ein Mensch an der hinfallenden Krankheit (Epilepsie) leidet, und wenn einer mondsüchtig ist, trage er immer einen Achat auf seiner Haut, und es wird ihm besser gehen.

Manche Menschen werden mit solchen Krankheitsanlagen geboren, andere ziehen sie sich durch falsche Säfte und Verpestung zu.Wer an Fallsucht leidet, lege bei eintretendem Vollmond einen Achat drei Tage lang in Wasser und nehme ihn am vierten Tag wieder heraus. Das Wasser erhitze er leicht, ohne daß es aufwallt, bewahre es auf und koche damit alle seine Speisen in der Zeit des abnehmenden Mondes. Er lege auch stets einen Achat in alles, was er in dieser Zeit trinkt, ob Wein oder Wasser, und trinke es so. Auf diese Weise verfahre er zehn Monde lang, und er wird geheilt werden – es sei denn, Gott will es nicht."

Im Fall von Mondsüchtigkeit soll der Achat bereits drei Tage vor dem erwarteten Nahen des Verwirrtheitszustandes in Wasser gelegt werden und drei Tage darin verbleiben. Auch dieses Wasser soll erhitzt und mit ihm alle Speisen während der Problemzeit gekocht werden. Ein wichtiger Aspekt ist, daß das Wasser zu keiner Zeit sprudelnd kochen darf. Nur im mäßig erwärmten Wasser könne sich die Kraft des Achats entfalten und die richtige Heilmischung entstehen, wie Hildegard erwähnt. Die Eigenbehandlung zur Heilung wird fünf Monde lang durchgeführt. Allerdings macht Hildegard auch hier die Einschränkung: „...wenn es Gott nicht verhindert."

Mit der erwähnten „Verpestung" könnten auch Schock- oder Streßzustände gemeint sein, die Anfälle auslösen können oder die die innere Stabilität des Menschen erschüttern, und er so der Stärke des Mondes ausgeliefert ist. In dem Wort Mond-Sucht steckt eine mögliche weitere Krankheitsdefinition: Bei manchen Menschen treten zu Vollmondzeiten enorme Süchte, z. B. nach Alkohol, Essen, sogar Kaufzwang auf, die durch die Achat-Methode zur Heilung gelangen könnten.

Diebesschutz:

„Jede Nacht bevor ein Mensch zu Bett geht, trage er den Achat offen durch sein Haus. Dabei gehe er in Kreuzesform vor und schreite das Haus der Länge und dann der Breite nach ab. Dann werden in diesem Haus Diebe ihre Absichten nicht durchführen können, und sie werden beim Stehlen weniger Erfolg haben."

Entstehung des Achats

Der Achat entsteht in den Hohlräumen basaltischen Gesteins und ist eine Chalcedonvarietät. Er kommt in Kugel- oder Mandelform vor, seine Mohshärte liegt bei 6,5 - 7. Bei der Bildung dieses Silicium-Dioxids (chem. Formel: $Si\,O_2$) strömt Kieselsäure in die Hohlräume des Gesteins und kristallisiert lagenweise aus. Die Kristallisation des Achats beginnt bei der Außenwand und setzt sich zur Mitte hin fort. Dabei bildet sich seine charakteristische Bändertextur aus verschiedenfarbigen Lagen in paralleler oder konzentrischer Anordnung. Am häufigsten sind Bänderungen in grau, braun, rötlich, gelb, hellblau, weiß und schwarz. Die Entstehungstemperaturen sind relativ niedrig, Hildegard beschreibt dies mit dem Hinweis auf seine vornehmlich „aus Luft und Wasser" bestehende Kraft. Blickt man in eine aufgespaltene Achatgeode, entdeckt man den von Hildegard beschriebenen „strahlenden Stein". Durch den unterschiedlichen Mineralgehalt leuchtet er in verschiedenen Farben, ergänzt vom Schimmer der hellen Quarzkristalle in seinem Innern. Aufgefunden wird der Achat in verwittertem Gestein, in Sümpfen und in Schwemmsand. Das ist häufig weit weg von seinem eigentlichen Entstehungsort, wie es Hildegard von Bingen ebenso beschreibt.

Fundorte:
Brasilien, Uruguay, Indien, USA, Rußland/Ural und Sibirien, Armenien, Aserbaidschan, Kasachstan, Usbekistan (GUS-Staaten), Tschechische Republik, China, Jemen, Äthiopien, Marokko, Südafrika, Deutschland.

Anwendung in der heutigen Edelsteintherapie

Der Achat ist ein beliebter Stein in der Edelsteintherapie, im Mittelpunkt steht dabei die Thematik der persönlichen Stärkung und Stabilität, der Geborgenheit und des Selbstvertrauens. Dieser Stein hilft dem Menschen, der sich von Abhängigkeiten abnabeln möchte. Er fördert den bewußten Umgang mit einer Problematik, damit sie feinfühlig und mit Selbstvertrauen gelöst werden kann.

Um dies zu erreichen, sollte man einen Achat stets bei sich tragen, am besten auf der Haut, außerdem häufig mit ihm meditieren. Man kennt den Achat auch als Stein für das werdende Leben. Er stärkt die Geschlechtsorgane und kann als Schutzstein während der Schwangerschaft eingesetzt werden. Empfehlen möchte ich ihn auch für alle anderen Reifungsprozesse. Im weiteren Sinn begleitet der Achat alles was heranreift, z. B. von der Idee über die Planung bis zur konkreten Verwirklichung eines Zieles. Im körperlichen Bereich fördert er die Gesundheit von Blutgefäßen, Gehör, Nerven, Lymphsystem und Zellgewebe. Wie schon die hl. Hildegard beschrieb, hat er einen positiven Einfluß auf geschädigte Haut und wird bei rau-

her Haut, Hautentzündungen, Hautrötungen und bei Insekten-
stichen direkt auf die jeweilige Hautzone aufgelegt.

Heilung aus der Küche

Fehlende Feinfühligkeit/Jähzorn:
Gemischtes Lattichpulver, Mispelfrucht,
gelöschter Wein, Edelkastanienextrakt.

Insektenstiche:
Wegerichsaft.

Epilepsie:
Entenschnabelmischpulver, Straußenfleisch.

Mondsucht:
Balsamkräutertee, Betonikakraut.

Adamas – Diamant

„Der Diamant ist warm und wird von den Bergen der Südgegend geboren, die schieferartig sind und die auch etwas wie Kristall und glasig sind. Aus jenem Gestein kommt manchmal ein heftiges Getöse, wie der laute Hall einer Posaune. Weil dieses Getöse stark und eindringlich ist, wird der Lehm dieses Berges dort gespalten, wo der Diamant liegt, und so fällt dieser wie ein Kiesel ins Wasser und hat auch selbst die Gestalt und Größe eines Kieselsteines. Nachher ist der Lehm an dieser Stelle schwächer als zuvor. Und wenn dann eine Überschwemmung die Flüsse anwachsen läßt, wird der Diamant in andere Gegenden fortgetragen. Der Diamant ist so hart, daß ihn keine andere Härte übertrifft. Aus diesem Grund dringt er in Eisen ein und ritzt es. Weil weder Eisen noch Stahl seiner Härte etwas anhaben können, stärkt er den Stahl, wenn er in ihn eingelegt ist (Diamantbohrer), daß dieser, auch wenn er Eisen oder Stahl durchschneidet, nicht bricht."

Von mächtigen Naturgewalten geboren, empfiehlt Hildegard von Bingen den Diamanten auch für einige massive Beschwerden und hebt mehrmals seine ihm innewohnende Kraft hervor:

Gicht/Schlaganfall:
„Wer vergichtet ist oder einen Schlaganfall erlitten hat, das heißt jene „pestis" hat, die eine Körperhälfte befällt, so daß er sich nicht bewegen kann, der lege einen Diamanten einen ganzen Tag in Wein oder Wasser und trinke die darüberstehende Flüssigkeit. So wird die Vergichtung von ihm weichen, auch wenn sie so stark ist, daß seine Glieder zu zerbrechen drohen sowie auch der Schlaganfall gemindert wird."

Da Hildegard den Schlaganfall in Verbindung mit der Gicht erwähnt, kann man davon ausgehen, daß sie den arteriosklerotisch bedingten Schlaganfall meint.

Gelbsucht:
„Wer Gelbsucht hat, lege den Diamant in Wein oder Wasser und trinke die darüberstehende Flüssigkeit, und er wird geheilt."

Bösartigkeit:
„Es gibt Menschen, die in ihrem Wesen und durch teuflische Einflüsterungen böswillig sind und darum auch häufig schweigen. Wenn sie aber sprechen, bekommen sie einen stechenden Blick und geraten manchmal außer sich und benehmen sich als ob sie wahnsinnig wären, sie besinnen sich aber rasch wieder. Solche Menschen sollen oft oder immer einen Diamanten in den Mund nehmen. Die Wirkung des Steines ist so stark, daß die Bösartigkeit und das Übel in diesem Menschen erlischt. Denn der Diamant hat ein intensives und starkes Feuer in sich, das nur schwer gebrochen werden kann. Daher bezwingt die Härte in ihm jene Härte des menschlichen Wesens, wenn seine feurige Wärme sich mit dem Speichel vermischt und den Menschen im Innersten berührt."

Geisteskrankheit/Jährzorn:
„Wer geisteskrank, lügnerisch und jährzornig ist, soll diesen Stein immer in seinem Mund behalten, und die Kraft des Diamants wird diese Übel von ihm fernhalten."

Fastenkur:
„Wem das Nüchternsein (Fasten) schwerfällt, nehme diesen Stein in seinen Mund, und dieser mindert sein Verlangen nach Nahrung, so daß er umso länger nüchtern bleiben kann."

Abwehr negativer Energien:
„Der Teufel ist diesem Stein feindlich gesinnt, weil jener der

Kraft des Teufels widersteht. Daher schaudert dem Teufel bei Tag wie bei Nacht vor ihm."

Entstehung des Diamanten

Der Diamant bildet sich unter erhöhtem Druck (über 40.000 bis ca. 60.000 Atmosphären) und hoher Temperatur (über 1.400 bis ca. 2.000 Grad Celsius) in einer Tiefe von ca. 150 bis 200 km unter der Erdoberfläche. Er ist reiner kristallisierter Kohlenstoff, der durch Vulkanausbrüche mit dem Magma durch vulkanische Schlote an die Erdoberfläche geschleudert wird. Darauf folgt eine rasche Abkühlung, so daß der Diamant keine Zeit hat, sich in eine weitere Kohlenstoffmodifikation, den Graphit, umzuwandeln. Hildegard beschreibt diesen Vorgang mit einem „heftigem Getöse, das aus jenem Gestein kommt". Die erwähnten Schlote bestehen aus Kimberlit, einem ultrabasischen Gestein aus Olivin, Diopsid, Titanit, Pyrop, Calcit u. a.. Im visionären Bild Hildegards wird dieses Gestein treffend als „schiefer- und glasartig" beschrieben. Nach der Abkühlungsphase folgt der Verwitterungsprozeß des Kimberlits, während dem die Diamanten aus ihrem Muttergestein teilweise oder ganz gelöst werden und von Wind und Wasser in andere Gegenden mitgerissen werden. Die enorme Härte und Stärke, die die hl. Hildegard mehrfach herausstellt, wird durch diese Zahl bestätigt: Mohshärte 10. Der Diamant ist damit das härteste Mineral.

Fundorte:
Südafrika, Südwestafrika, Indien, Brasilien,
USA, Australien.

106

Anwendung in der heutigen Edelsteintherapie

Der Diamant vermittelt eine gewisse „Immunität", die auf innerer Stärke, Motivation und Widerstandskraft beruht. Diese Symbolik liegt in dem Element Kohlenstoff, aus dem er besteht. Kohlenstoff ist auch der „Baustein" der Erde und Hauptbestandteil der atmenden Materie.

Entsprechend kann der Diamant ein „Baustein" für den Menschen sein. Im körperlichen Bereich bewirkt er Stabilität, wo sie gebraucht wird – in Knochen, Knorpeln, Zähnen usw. Er beeinflußt verschiedene Organe und Funktionen: Kreislauf, Verdauungsorgane, Reinigungs- und Verdauungsprozesse, Energie- und Wärmeregulierung, Nervensystem sowie Gehirn, Hypothalamus und Zirbeldrüse.

Hervorzuheben sind die reinigenden Kräfte des Diamanten. Sie helfen, Ablagerungen (Gicht, Rheuma, Schlaganfall) abzubauen. Zugeordnet wird er dem siebten Chakra, dem Scheitelchakra, wo man den Diamanten während einer Meditation auflegt.

Oft wird danach eine „erhellende" Wirkung auf den Geist beschrieben, So regt der Diamant klare Gedankengänge an, fördert Erkenntnisse, Wahrnehmungsfähigkeit und das spirituelle Wachstum. Dafür sprechen seine Kristallformen.

Als Oktaeder, Dodekaeder oder Hexaeder geformt, symbolisiert er Qualitäten wie Strebsamkeit, Macht, Verantwortung und Struktur. Manchmal wird vor dem Diamant auch gewarnt, da er den Menschen hochmütig, hart (wie er selbst ist) und letztendlich unglücklich machen kann. Deshalb soll man ihn mit Demut und Bedacht einsetzen.

Empfehlen kann ich den Diamant als Stein gegen Süchte, insbesondere bei übermäßigem Eß- und Trinkverhalten. Seine Kraft liegt dabei in der Bewußtmachung, gefolgt von einem intensiven Änderungswunsch der persönlichen diesbezüglichen Verhaltensweisen. Durch diesen Einfluß kann er Fastenkuren ideal ergänzen. Man nimmt ihn dabei so oft wie möglich – wie auch die hl. Hildegard empfiehlt – in den Mund.

Bei sich getragen, z. B. als Anhänger, Ring oder Armband, fördert der Diamant das Selbstwertgefühl, löst depressive Gedanken auf und verleiht Schönheitssinn.

Heilung aus der Küche

Gicht/Schlaganfall:
Gewürznelken, Stabwurz, Goldkurwein, Hirschleber,
Petersilien-Rosenölpackung, Schlehen in Honig,
Tausendgüldenkraut.

Gelbsucht:
Brunnenkresse, Pfennigkrautmischung, Aloepulver,
Bärwurz, Gänsefingerkraut.

Bösartigkeit/Jähzorn:
Gelöschter Wein, Edelkastanienextrakt.

Fastenunterstützung:
Zitwerpulver, Rettichwurzelpulver

Magnes – Magnetstein/Magnetit

„Der Magnetit ist warm und entsteht aus dem Speichel giftiger Schlangen, die sich in einem bestimmten Sand und an einem bestimmten Gewässer aufhalten, sie sind aber mehr im Sand als im Wasser. Denn es gibt eine giftige Schlange, die ähnlich wie eine Schnecke am oder im Wasser lebt und manchmal ihren Speichel auf eine gewisse Art von Erde fallen läßt, aus der man gewöhnlich Eisen gewinnt. Wenn das eine andere giftige Schlange, die auch dort lebt und sich von jener Erde nährt, sieht, eilt sie schnell zu diesem Speichel und gießt ihr Gift darüber. Ihr Gift durchdringt den Speichel mit seiner Kraft, so daß sich der Stein erhärtet. Und daher hat der Magnetit die Farbe des Eisens und zieht Eisen auch von sich aus an, da er sich aus jenem Gift formt, das von der Erde genährt wird, aus der man Eisen gewinnt. Das Wasser, neben dem der Stein liegt, schwächt und verdünnt durch häufiges Überspülen und Benetzen das Gift weitgehend."

Die recht eindrucksvolle Schilderung der Gesteinsentstehung macht bereits deutlich, daß dieser Stein sicher nicht für alle Tage gedacht ist; Hildegard von Bingen begründet das mit dem Folgenden: „Denn das Feuer dieses Steines ist einerseits nützlich, andererseits unnütz. So ist das Feuer, das er von der eisenhaltigen Erde hat, nützlich, jenes, das er vom Gift der Schlangen hat, aber unnütz.

Aber wenn der Stein durch die heilsame und warme Feuchtigkeit des menschlichen Speichels angeregt und mit der heiligen Beschwörung angewandt wird, wendet er die schädlichen Säfte ab, die den Verstand des Menschen zerstören."

Tobsucht/Verwirrung:

„Und wenn ein Mensch tobt oder auf irgendeine Weise sein Sinn geblendet ist, so bestreiche den Magnetit mit seinem Speichel und fahre mit dem so befeuchteten Stein über den Scheitel des Tobenden und auch noch quer über seine Stirn und spreche dabei: ‚Du Übel des Wahnsinns, weiche in Anbetracht der Kraft, mit der Gott die Macht des aus dem Himmel stürzenden Teufels zum Wohl des Menschen gewandelt hat'.“

Die Kombination von Speichel und Beschwörung wird durch die streichende Bewegung über Kopf und Stirn ergänzt. In ihr liegt die Symbolik des Abziehens einer Krankheit.

Entstehung des Magnetits

Der schwarze, häufig mit blauen Schattierungen auftretende Magnetit ist ein Magneteisenerz (chem. Formel: $Fe_3 O_4$) aus der Gruppe der Oxide (Eisenoxid) und enthält Beimengungen von Titan, Vanadium, Magnesium, Zink, Mangan, Aluminium und Chrom. Er ist stark magnetisch und kann sich aus Magma durch Metamorphose oder Kontaktmetasomatose bilden, ferner hydrothermalen Ursprungs sein. Hildegard von Bingen umschreibt mit ihrer Schlangendarstellung vermutlich bildhaft den Vorgang, wenn in den hydrothermalen Gängen Dämpfe und Lösungen von magmatischem Ursprung das Gestein beeinflussen.

Dadurch erhitzt es sich und verändert sich chemisch. Auch den Magnetismus dieses Steins bringt sie in Verbindung mit dem Gift sowie der eisenhaltigen Erde: „...weil er aus jenem Gift seine Gestalt annimmt, das von der eisenhaltigen Erde genährt wird...“ Hier handelt es sich um die Gleichrichtung der Eisenionen im Kristallsystem, durch die sich ein Magnetfeld bilden kann. Nötig dazu ist eine hohe Temperatur in der Erde, die Hildegard bestätigt, in dem sie den Magnetit als „warm“ beschreibt. Die Mohshärte des Magnetits liegt bei 5,5.

Fundorte:
Australien, Brasilien, Indien, Ägypten, USA,
Rußland/Ural (GUS-Staaten),
Deutschland, Schweiz, Schweden, Finnland, Norwegen,
Rumänien, Italien, Österreich.

Anwendung in der heutigen Edelsteintherapie

Der Magnetit nimmt in der heutigen Edelsteinbehandlung eine
eher kleine Rolle ein, vielleicht wegen seines wenig attraktiven
Äußeren. Wie von Hildegard beschrieben, kann er aber zur
Regulierung abartiger Reaktionen (Tobsucht) angewandt werden. Er wird dazu auf Scheitel und Stirn gelegt, wo sich Zirbeldrüse und Hypophyse befinden und die Steuerung des Hor-
monhaushaltes beeinflussen.

Anregend, aber auch ausgleichend, wirkt der Magnetit auf
das Drüsensystem sowie alle säftebildenden Vorgänge im Körper. Aufgrund seines Magnetismus soll man ihn nicht ständig
bei sich tragen und auch nur kurze Zeit am Körper einsetzen.
Spürbar erlebt habe ich seine Wirkung in Form einer intensiven „Energiedurchflutung" auf geistiger Ebene, nachdem der
Stein kurze Zeit auf der Stirn auflag. Diese Eigenschaft muß
allerdings individuell eingesetzt werden. Je nach Kräftehaus-
halt kann die Steinenergie als angenehm oder recht massiv
empfunden werden. Als Eisenoxid trägt der Magnetit Schwingungen in sich, die Wärme, Antriebskraft, Lebenbegeisterung
und Vitalität vermitteln. Zurückzuführen ist das auf seinen
Gehalt an Eisen.

Auch die Beimengungen von Magnesium, Aluminium und
Titan tragen eine aktivierende Information in sich, die sich
ganzheitlich auswirkt. Von Vanadium und Chrom ist bekannt,
daß beide Elemente die Regulierung des Cholesterinhaushal-
tes beeinflussen und somit Ablagerungen vorbeugen und für
„gute Säfte" sorgen.

Heilung aus der Küche:

Tobsucht/Verwirrung:
Walfleisch, Kubebenfrüchte, Hirschhornmischung,
Bibernellwurzel, Myrrhe.

Ligurius – Bernstein

„Der Bernstein ist warm. Er entsteht aus einer bestimmten Art, aber nicht jeder, des Luchsurins. Denn der Luchs ist kein wollüstiges, ausschweifendes oder unreines Tier, er besitzt vielmehr ein ausgeglichenes Wesen. Seine Kraft ist so groß, daß sie sogar Steine durchdringt, daher hat er auch seinen scharfen Blick, und sein Augenlicht läßt nur selten nach. Aus seinem Urin entsteht aber nur dann der Bernstein, wenn die Sonne heiß brennt und die Luft leicht, mild und warm ist. Dann genießt das Tier die Wärme und Reinheit der Sonne und den angenehmen Wind. Will es urinieren, gräbt es zuvor mit der Pfote eine Grube und setzt seinen Urin darin ab. So wächst der Ligurius unter der Wärme der Sonne. Durch die Reinheit der Sonne und den milden Lufthauch, die das Tier umgeben, und durch seine frohe Stimmung und seine große Kraft erwärmt sich sein Urin. Wenn er dann abgelassen wird, formt er sich in einer Weise zu einem Stein, der weicher ist als alle anderen, und dies geschieht in der Erde."

Sehr deutlich hebt die hl. Hildegard die große Wärme des Bernsteins hervor. Der Text vermittelt auch, daß Kraft, Freude und Reinheit in ihm stecken.

Magenschmerzen:
„Ein Mensch, der starke Magenschmerzen hat, lege einen Bernstein eine knappe Stunde lang entweder in Wein, Bier oder Wasser und nehme ihn dann wieder heraus. Die Flüssigkeit ist indessen so von den Kräften dieses Steines durchdrungen, daß sie diese in sich aufnimmt. So verfahre man fünfzehn Tage und gebe dem Kranken kleine Mengen davon nach dem Essen zu

trinken, nicht aber auf nüchternen Magen. Und kein Fieber und keine Krankheit, außer eine tödliche, kann so stark sein, daß sein Magen davon nicht gereinigt, gesäubert und geheilt würde, es sei denn, sein Tod steht kurz bevor."

Hildegard von Bingen warnt ausdrücklich davor, dieses Mittel aus irgendeinem anderen Grund als gegen Magenschmerzen zu trinken. Sonst drohten dem Menschen Lebensgefahr, Herzkrankheit und stärkste Kopfschmerzen.

Harnverhaltung:
„Wem das Wasserlassen Schwierigkeiten bereitet, so daß er nicht urinieren kann, der lege den Bernstein einen Tag lang in Kuh- oder Schafsmilch, aber nicht in Ziegenmilch. Am zweiten Tag nehme er den Stein heraus und erwärme die Milch, das heißt er lasse sie aufwallen und trinke sie so. Auf diese Weise verfahre er fünf Tage lang, und der Urin in ihm wird sich lösen."

Entstehung des Bernsteins

Bernstein ist ein fossiles hell- bis goldgelbes oder goldbraunes Harz (chem. Formel: $C_{40} H_{64} O_4$), häufig mit Einschlüssen von Insekten, Holz- oder Borkenresten. Bernstein kann zwischen einigen zehntausend Jahren und ca. 230 Millionen Jahren alt sein. Auf dem Markt sind am häufigsten der klassische baltische Bernstein, der meist vor 40 - 50 Millionen im Alt-Tertiär bzw. im Miozän vor ca. 20 Millionen Jahren enstand. Unter der Anhäufung von verwittertem Gestein, Sand und organischen Produkten befanden sich auch abgestorbene Nadelbäume, deren harziger Baumsaft sich zu Bernstein verfestigte. Bei dem von Hildegard erwähnten Luchsurin handelt es sich also um das goldgelbe Harz der Nadelbäume. Die Lösung, warum sie ausgerechnet dieses Sinnbild wählte bzw. in einer Vision sah, könnte darin liegen, daß sie im Luchs eine typische Tierart des Nadelwaldes sah. Möglicherweise kannte sie den „Ligurius"

114

(= Luchsstein) aus den Werken des Erzbischofs Isidor von Sevilla (560 - 636), der den „Luchsstein" darin ebenfalls erwähnte. Mit einer Mohshärte von 2 - 2,5 zählt Bernstein zu den weichsten und leicht formbaren Edelsteinen, was auch Hildegard in ihrer Beschreibung betont. Als amorphe Substanz bildet er keine Kristalle, sondern er nimmt die Form seiner Umgebung an, in die er fließt.

Fundorte:
Deutschland, Dänemark, Schweden, Polen, Rumänien, Sizilien, Großbritannien, Burma, Dominikanische Republik.

Anwendung in der heutigen Edelsteintherapie

Die warme Körperlichkeit des Bernsteins macht ihn zu einem beliebten Stein in der Edelsteintherapie. Seine Elementeverbindung aus Kohlenstoff, Wasser- und Sauerstoff und Schwefel kann die menschliche Gesundheit auf unterschiedliche Weise stärken. Sie vermittelt Elastizität für die Körperstrukturen, fördert die biochemischen Vorgänge und unterstützt Haut- und Haaraufbau.

Der Bernstein wird dem dritten Chakra, dem Solarplexus-Zentrum, zugeordnet und wirkt sich damit insbesondere auf das gesamte Verdauungssystem (Magen, Darm, Leber, Galle etc.) sowie die Energie- und Wärmegewinnung, Harnwege und Haut aus. Für die von Hildegard beschriebenen Beschwerden Magenschmerzen und Harnverhaltung wird er auch heute empfohlen. Eine direkte Auflage auf die Haut im Bauchbereich ist möglich, ebenso das Trinken von Bernsteinwasser, das harnanregend wirkt. Der Bernstein besitzt einen sehr entspannenden Einfluß, was z. B. bei einem überreizten Magen, Magendruck oder Leber-/Gallebeschwerden aufgrund von Streß spürbar wird. Ich kann ihn als täglichen Begleiter empfehlen.

Er unterstützt die Psyche des Menschen und fördert jeden Neubeginn, beispielsweise in beruflicher Hinsicht. Zur richti-

gen Zeit führt er zu den richtigen Menschen und fördert Selbstvertrauen, Hoffnung und Eigenmotivation. Bekannt ist er ferner
als ein Stein, der Schmerzen und Fieber abzieht. Insbesondere
gilt das bei Zahnschmerzen. So gibt man zahnenden Babys
gern Bernsteinkettchen um den Hals oder legt nach dem
Besuch beim Zahnarzt einen Bernstein auf die geschwollene
Wange.

Heilung aus der Küche

Magenschmerzen:
Hirschfleisch, Ingwer-Mischpulver, Kornelkirsche,
Krauseminze, Salbei.

Harnverhaltung:
Rainfarnelixier.

Cristallus – Bergkristall

„Der Bergkristall entsteht aus gewissen kalten Gewässern, die von schwärzlicher Farbe und von solcher Kälte sind, daß sie alles Feuer vertreiben. Wenn eine Kälte aus der Luft kommt und dieses Wasser berührt, erstarrt das Wasser an manchen Stellen zu einer festen Masse, so als verdichte sich das Innerste des Wassers zu einem festen Körper. Wenn später die Wärme der Luft oder der Sonne dieses Wasser berührt, so nimmt sie aus dieser Masse die weiße Farbe, so daß sie fast klar wird, ohne aber von der Sonne aufgelöst zu werden. Wenn daraufhin wieder Kälte über dieses Gebilde kommt, verdichtet es sich noch mehr und wird noch klarer. Nun ist es von solcher Festigkeit, daß es durch die Wärme nicht mehr aufgelöst werden kann, wenn auch das ganze Eis darum wegschmilzt. So entsteht der Kristall und bleibt ein Kristall."

Festigkeit, Klarheit und Unvergänglichkeit vermittelt diese Beschreibung Hildegards von dem Bergkristall. Sie weiß ihn für verschiedene Beschwerden einzusetzen:

Augenlicht, nachlassendes:
„Wem sich die Augen verdunkeln, der wärme einen Bergkristall an der Sonne und lege den so erwärmten Stein auf die Augen. Weil er vom Wasser abstammt, zieht er die kranken Säfte aus den Augen, und der Betroffene wird besser sehen."

Mit „Verdunkeln" können verschiedene Augenbeschwerden gemeint sein, die die Sehfähigkeit einschränken. Wichtig ist, den Stein vorher in der Sonne zu erwärmen, da dadurch seine Wirkung aktiviert wird.

Drüsenschwellung:

„Wem Drüsen oder Male am Hals anschwellen, der erwärme den Bergkristall an der Sonne und binde ihn warm am Tag oder in der Nacht über die Drüsen oder das Mal und tue dies oft, und sie werden schwinden."

Kropf:

„Wem eine Erhebung (hubo) an der Kehle wächst oder wem sie anschwillt, der wärme einen Kristall an der Sonne und gieße Wein über den warmen Stein. Davon trinke er oft und lege auch oft den sonnenwarmen Stein an seine Kehle über die Schwellung, und sie wird kleiner."

Herz-, Magen- und Bauchschmerzen:

„Wer im Herzen, am Magen oder im Bauch Schmerzen hat, wärme einen Kristall an der Sonne, übergieße ihn mit Wasser und lege auch den Kristall für eine Stunde in dieses Wasser. Dann nehme er ihn heraus und trinke dieses Wasser oft, und es wird ihm im Herzen, Magen und Bauch besser gehen."

Ohnmachtsanfälle:

„Wer an plötzlichem Bewußtseinsverlust (syncope) leidet, der hat im Grunde ein temperamentvolles Wesen. Dennoch ist er mitunter kraft- und machtlos und spürt einen plötzlichen Zusammenbruch seiner Kräfte, so daß er daliegt wie ein Toter. Dann soll man einen oder mehrere Kristalle an der Sonne erwärmen und einen Tag oder eine Stunde lang oberhalb des Nabels auflegen. Auf diese Weise verfahre man regelmäßig, und die Ohnmachtsanfälle werden aufhören." Auch in diesem Fall empfiehlt die hl. Hildegard, den schon beschriebenen Kristall-Wein herzustellen und oftmals zu trinken.

Nesselsucht:

„Wer von Nesselsucht geplagt wird, erwärme diesen Stein an der Sonne und lege ihn warm auf die schmerzende Stelle, und der Ausschlag wird weichen."

118

Entstehung des Bergkristalls

Der Bergkristall ist eine Quarz-Varietät (chem. Formel: Si O_2) mit einer Mohshärte von 7, und er entsteht aus reiner wässriger Siliciumlösung. Je höher der Druck und die Temperatur sind, desto besser löst sich die Kieselsäure im Wasser. Mit sinkender Temperatur beginnt sie sich aus dem Wasser abzuscheiden, und es bilden sich Kristallkeime. Hildegard beschreibt diesen Vorgang mit „...wenn eine Kälte aus der Luft kommt..." Durch ständige Stoffanlagerung entstehen Molekülgruppen, die sich dann in trigonaler Symmetrie weiterentwickeln oder prismatische oder zuweilen doppelpyramidige Form annehmen. In ihrer kosmischen Vision mag das für Hildegard tatsächlich so ausgesehen haben, als verdichte sich das Innerste des Wassers zu einem glasklaren Gebilde.

Fundorte:
Schweiz, Frankreich, Italien, Polen, Deutschland, Rußland/Ural und Ukraine, Kasachstan (GUS-Staaten), Tschechische Republik, USA, Sri Lanka, , Brasilien.

Anwendung in der heutigen Edelsteintherapie

Der Bergkristall wird dem siebten Chakra (Scheitel-Zentrum) zugeordnet. Er wirkt sich hier auf Schädel, Großhirn, Zirbeldrüse und das zentrale Nervensystem aus. Eingesetzt wird er häufig, wenn es um Reinigung, Beruhigung und Klärung geht, wobei die von Hildegard erwähnten Beschwerden im Vordergrund stehen. Seine reinigende Wirkung kann man während Fastenkuren zur Entschlackung und Entwässerung nutzen, einen reinigend-harmonisierenden Effekt verspürt man auch bei Durchfallerkrankungen. Dazu wird der Bergkristall in einen Glaskrug mit Wasser (am besten kohlensäurefreies Mineralwasser) und über Nacht ins Mondlicht gestellt. Am darauffolgenden Tage kann das Wasser getrunken werden. Im Hinblick auf die Augenbehandlung stehen heute eher andere Steine (z. B. Lapislazuli, Saphir, Aquamarin) im Vordergrund. Wenn es allerdings darum geht, eine „klare Sicht" in Situationen zu entwickeln, eignet sich der Bergkristall sehr gut und kann während einer Meditation auf die Lider gelegt werden. Die reinigenden Schwingungen des Bergkristalls fördern auch die generelle Aurareinigung. So kann sich die menschliche Aura verdunkeln oder Löcher aufweisen (sichtbar in der Aurafotografie), was häufig mit einem Kräfteschwund durch Krankheit oder Schicksalsschläge einhergeht. Der Bergkristall reinigt die Aura und stabilisiert sie wieder. Er verstärkt das Energiefeld des Menschen und vermittelt Kraft, Erkenntnis und Beständigkeit. Die körpereigene Abwehr gegen Krankheiten und die gesunden Körperfunktionen werden angeregt bzw. harmonisiert. Als Raumreiniger möchte ich den Bergkristall ebenfalls nicht mehr missen. Er neutralisiert negative Schwingungen oder schlechte Einflüsse in einem Raum und verbreitet stattdessen lichte Energie.

Heilung aus der Küche

Augenlicht, nachlassendes:
Frische Lindenblätter, Veilchenöl.

Drüsenschwellung:
Sanikelelixier, Eisenkraut, Veilchensalbe.

Kropf:
Liebstöckelmischenung, Eisenkraut, Lerchenpulver.

Herzschmerzen:
Galgant, Diptampulver, Enzianwurzelpulver, Fencheltrank.

Magenschmerzen:
Hagebuttenmark, Edelkastanie,
Fenchel-Liebstöckelmischung.

Bauchschmerzen:
Metrakraut, Apfelbaumwurzelerde, Leinsamen.

Ohnmachtsanfälle:
Nachtschattenkraut.

Nesselsucht:
Buchsbaumsaft, Linsenkraut, Maulbeerblätter.

Weniger bekannte
Hildegard-Steine

Es fällt auf, daß die folgenden Gesteinsbeschreibungen fast frei von mystischen Sinnbildern sind und die jeweilige Entstehungsgeschichte recht konkret darstellt wird. Auch die Darstellungsform ist hier wesentlich knapper gehalten als bei den anfangs genannten Steinen. Gründe dafür sind in den Schriften Hildegards nirgends genannt. Bemerkenswert ist außerdem, daß es sich um Arten handelt, die mit Vorsicht einzusetzen sind – worauf Hildegard von Bingen ausdrücklich hinweist – oder von denen sie sogar abrät.

Margarite – Kalkperlen/Kalkoolith

„Es gibt Wasserläufe, die salzig und fett sind. Aus diesen entstehen die Kalkperlen. Das Fettige und das Salzige dieser Gewässer sinkt auf den Sand, so daß das darüberstehende Wasser gereinigt wird, die fettigen und salzigen Substanzen aber bilden sich zu Perlen aus, und diese Kalkperlen sind rein."

Fieber:
„Nimm also diese Kalkperlen, lege sie in Wasser, und alle Trübung und aller Schleim, welche sich im Wasser befinden, sammeln sich um die Perlen, und das Wasser, das darübersteht wird geklärt und gereinigt. Der Mensch, der Fieber hat, soll das überstehende Wasser häufig trinken, und es wird ihm bessergehen."

Kopfschmerzen:
„Wer Kopfschmerzen hat, wärme die Kalkperlen an der Sonne und so warm lege er sie an seine Schläfen und binde sie mit einem Tuch fest, und er wird geheilt."

Entstehung des Kalkoolith

Hildegard von Bingen beschreibt in ihrer „Margariten-Vision" die Vorgänge der marinen Kalkbildung als Folge des sogenannten übersättigten Meerwassers mit den Worten: „...das Fettige und Salzige dieser Gewässer sinkt auf den Sand..." Konkret dienen bei der Kalkperlenbildung winzige Partikel, z. B. Sandkörner oder Schalensplitter, als Kalkkeime, um die sich aus dem kalkübersättigten Wasser „Oide" bilden. Die kalkigen Körner sind von kugelartiger Gestalt und treiben so lange im Schwebezustand im Meer, bis sie zu schwer werden und in den Sand oder auf Sedimentgestein sinken. Nach und nach bildet sich eine Gesteinsschicht aus, die aus Millionen von Oiden besteht, und das gesamte Kalkgebilde wird dann Oolith genannt. Gewissermaßen hat die Bildung der „Margariten" etwas mit der Reinigung des Meeres zu tun, weshalb sie von Hildegard auch als „rein" bezeichnet werden. Hauptbestandteil der Kalkoolithe ist Calciumkarbonat, und sie sind mineralogisch gesehen Aragonit-Sphärolithe oder Calcit-Sphärolithe (chem. Formel: $Ca\,CO_3$). Aragonit bildet sich ähnlich wie Calcit unter den verschiedensten Bedingungen. Dabei kristallisiert Calcit aus verhältnismäßig kalten Lösungen, Aragonit aus wärmeren Lösungen. Nach dem Quarz ist Calcit das verbreitetste Mineral in der Erdkruste. Er bildet schöne Kristallformen aus, bis hin zu den eher unscheinbaren, erbsenförmigen oolithischen Kalksteinen.

Fundorte:
In kalksteinreichen Gegenden, z. B. in Deutschland, Großbritannien, Island, Österreich, USA etc.

Anwendung in der heutigen Edelsteintherapie

Der Einsatz von Kalkoolith ist recht selten, wobei seine reinigende und stabilisierende Wirkung im Vordergrund steht. Als Elixier angewandt, kann er Fastenkuren unterstützen und die Befreiung von Schlacken anregen. Stoffwechselbeschwerden, Wasseransammlungen, Gliederschmerzen, unreine Haut, Pickel etc. sind Zeichen innerer Verschlackung, die von einem Kalkoolith-Einsatz profitieren können. Auch im geistig-seelischen Bereich hat er eine befreiende Wirkung von „Gedankenmüll". Er unterstützt die Selbstfindung und vermittelt dabei stabile, bodenständige Energie.

Heilung aus der Küche

Fieber:
Bockshornklee, Eibischblätter, Kichererbsen,
Meisterwurz.

Kopfschmerzen:
Apfelknopsenöl, Aloemischpuler,
Bärwurzbirnhonig.

Perlin – Perlen

„Die Perlen entstehen in gewissen Muscheltieren, d. h. Tieren, die in Schalen liegen und im Meer und in bestimmten großen Flüssen leben. Manche dieser Muscheltiere halten sich auf dem Grund dieser Flüsse auf, sie suchen dort ihre Nahrung und sind auch ein wenig giftig. Von dem Schmutz, den sie vom Grund aufnehmen und von dem Gift, das sie selbst ausscheiden, bilden sich bestimmte Perlen aus und sie entstehen auch so. Manchmal sind sie trübe, weil die Muscheln sich auf dem Grund der Gewässer aufhalten. Sie sind als Heilmittel daher fast nicht von Nutzen."

„Manche von den Muscheltieren halten sich meistens in der Mitte des Flußlaufes auf, wo das Wasser sauber ist. Sie nehmen weniger Schmutz in sich auf und sie haben deshalb weniger Gift in sich. Aus diesem Grund werden die Perlen dieser Muscheln leuchtend klar, da sie ja aus dem Wasser entstehen und dem Gift, das die Muschel absondert. Trotzdem besitzen sie als Heilmittel praktisch keinen Nutzen, auch wenn sie stärker leuchten und weniger Gift in sich haben."

„Wieder andere Muscheln halten sich nahe der Wasseroberfläche auf, wo viel Schaum und Unrat schwimmt. Aus diesem oberen Schaum, dem Unrat und dem Gift der Muscheln bilden sich bestimmte Perlen, die ebenfalls etwas trübe sind, da sie ja aus dem Aufgenommenen entstehen. Als Heilmittel haben sie gar keinen Nutzen, weil sie dem Menschen mehr Krankheit als Gesundheit bringen. Wenn sie ein Mensch in den Mund nähme, würde er sich dadurch dieselben Krankheiten zuziehen und krankwerden, als hätte er Gift eingenommen. Wenn er sie auf seine Haut legen würde und sich sein Fleisch davon erwärmte, würde er das Gift aus ihnen aufnehmen und dadurch krank werden und Schmerzen bekommen."

So schön und begehrenswert Perlen für unsere Begriffe heute auch sind, als Linderungs- oder gar Heilmittel bestehen sie vor den Augen der hl. Hildegard überhaupt nicht. Nun kann man sich wundern, warum sie sie dann überhaupt erwähnte und nicht einfach wegließ, wie auch viele der Steine. Möglicherweise, weil es ihr ein Bedürfnis war, die folgende Tatsache eindeutig darzustellen: Perlen? – auf keinen Fall.

Entstehung der Perlen

Die mattglänzenden Kügelchen aus Perlmutt bilden sich besonders in der Fluß- und Seeperlmuschel, und zwar wenn ein Fremdkörper unter die Schale der Muschel gelangt ist. Bei der Perlenzucht werden solche Fremdkörper künstlich injiziert. Der Fremdkörper wird vom Mantelepithel (Deckgewebe) der Muschel umwuchert, wobei sich ein Perlsack bildet, der dann schichtweise mit Perlmuttmasse überzogen wird. Diese besteht mineralogisch betrachtet aus dem Calciumcarbonat Aragonit, in das die organische, hornähnliche und kittende Substanz „Conchyn" der Muschel eingebunden ist. Bei dem von Hildegard erwähnten „Schmutz/Unrat", welche die Muschel aufnimmt, dürfte es sich um den eingedrungenen Fremdkörper handeln, der dann mit dem „Gift" (Conchyn) der Muschel umhüllt wird. Perlen können in verschiedenen Farben auftreten, so in weiß, rosé, gelblich, bläulich, grünlich, grau bis braun und schwarz.

Fundorte:
Persischer Golf, Indischer Ozean, Pazifischer Ozean,
Atlantischer Ozean, Japan, Südsee, Rotes Meer,
Nordamerika, Mitteleuropa.

Anwendung in der heutigen Edelsteintherapie

Perlen sind zwar keine Edelsteine, dennoch spielen sie in der Edelsteintherapie eine Rolle. Ihre Schwingung geht in die Tiefe, macht seelische Not deutlich, entlarvt Schattenseiten des Menschen. Vergangenheitsbewältigung, Loslösungsprozesse und die darauf folgende Persönlichkeitsentwicklung sind ihre vordergründigen Themen. Oft sind diese Lebensphasen recht drastisch, und wer sich halbherzig für Perlen entscheidet, mag den Schmerz noch intensiver spüren. Wer sich allerdings der „Tiefenwirkung" der Perle bewußt ist, kann auch den eigenen inneren Schatz durch sie entdecken.

Perlen können dabei täglich als Kette getragen werden. Direkt auf der Haut verstärkt sich ihre Wirkung allerdings, wie ich festgestellt habe. Man muß also nach psychischer Stabilität entscheiden, ob die Perlen auf der Haut oder über der Kleidung getragen werden. Ebenso können Meditationen mit aufgelegten Perlen sehr intensive Reaktionen hervorrufen.

Kornelion – Karneol

„Der Karneol stammt mehr von warmer Luft als von kalter. Er wird im Sand gefunden."

Auf weitere sinnbildhafte Beschreibungen geht Hildegard von Bingen nicht ein. Sie nennt nur ein kurzes Rezept.

Nasenbluten:
„Und wenn jemand aus der Nase blutet, erwärme Wein, und lege einen Karneol in den gewärmten Wein. Gib ihm davon zu trinken, und das Nasenbluten wird vergehen."

Entstehung des Karneol

Der Karneol ist ein Siliciumdioxid (chem. Formel: $Si\ O_2$) mit hohem Eisengehalt, welcher auch für intensive orangerote bis orange-braune Färbung des Steines sorgt. Er zählt zur Gruppe der Chalcedone und bildet sich im Vulkangestein, wenn flüssige Kieselsäure in die Hohlräume des Gesteins eindringt und sich mit dem Eisenhydroxid vermischt und erhärtet. Im Laufe der Verwitterungsprozesse, denen das Vulkangestein ausgesetzt ist, wird er freigelegt und weitertransportiert. Gefunden wird er häufig in Geröllen von Flußablagerungen – im Sand – so, wie Hildegard dies auch schildert.

Fundorte:
Indien, Südwestafrika, Brasilien, Uruguay, Ägypten, Rußland (GUS-Staaten), Tschechische Republik, Rumänien.

Anwendung in der heutigen Edelsteintherapie

Der Karneol ist ein beliebter und bekannter Stein in der heutigen Edelsteintherapie. Er wird dem zweiten Chakra zugeordnet und beeinflußt damit insbesondere den Urogenitalbereich, Blut, Nieren, Stoffwechsel, Verdauungssäfte, Lymphsystem, Wasserhaushalt und das Kreuzbein. Wie auch bei Hildegard erwähnt, wirkt er intensiv auf das Blut und reinigt das Adersystem, wozu besonders geäderte Exemplare eingesetzt werden.

Ferner schreibt man ihm heute gute Wirkkräfte bei Blasen- und Nierenproblemen zu. Dazu kann ich folgende Behandlung empfehlen: Der Karneol wird etwa 20 Minuten auf die Blase (ein Stein) oder auf die Nieren (je einen Stein) gelegt, während man sich für diese Zeit entspannt. Die Behandlung kann täglich durchgeführt werden und hat einen wohltuenden Effekt z. B. bei Blasenreizungen.

Das zweite Chakra ist auch die Regelstelle, die die Begeisterungsfähigkeit, Kreativität, Sinnlichkeit, Lebensfreude und Sexualität des Menschen beeinflußt. Hier eignet sich der Karneol als täglicher Begleiter in Form eines Trommelsteines oder auch als Schmuckstück getragen. Von ihm geht eine warme, tröstende und stärkende Schwingung aus. Er vermittelt Kraft im Alltag und im Umgang mit anderen Menschen. Der Karneol macht bewußter, reaktionsschneller, und er weckt die innere Zufriedenheit.

Heilung aus der Küche:

Nasenbluten:
Dill-Schafgarbenpulver.

Alabastrum – Alabaster

„Der Alabaster hat keine rechte Wärme und keine rechte Kälte in sich, sondern er ist sozusagen lauwarm, so daß keine Heilwirkung in ihm gefunden werden kann."

Auch zum Alabaster sagt Hildegard eindeutig „Nein" und stellt nur eine gewisse Art von „Neutralität" heraus.

Entstehung des Alabasters

Alabaster ist feinkörniger, reinweißer und durchscheinender Gips (chem. Formel: $Ca\,SO_4\,2H_2O$) mit der geringen Mohshärte von 1,5 - 2. Er entsteht vor allem chemisch-sedimentär an Ufern und auf dem Grund von Salzseen, in Buchten oder flachen Meeresbecken. Aufgrund der Wasserverdunstung steigt die Konzentration von Calcium und Sulfaten, so daß die Sättigungsgrenze des Meerwassers überschritten ist. Die dann ausgeschiedenen Salze formen sich zu einer weißen, feinkörnigen Masse – dem Alabaster. Der Entstehungsprozeß erfolgt bei „normalen" Temperaturen, weshalb Hildegard wohl auch seine „laue Wärme" hervorhebt.

Fundorte:
Italien, Spanien, Frankreich, England, Österreich,
Polen, Tschechien, Ägypten, USA, Rußland,
Kasachstan (GUS-Staaten).

Anwendung in der heutigen Edelsteintherapie

Die Edelsteintherapie sieht ihren Sinn darin, Blockaden zu lösen und energetische Prozesse in Fluß zu bringen. Da der Alabaster eher das Gegenteil bewirkt, wird er wohl aus diesem Grund selten angewandt. In manchen Fällen kann seine blockierende Wirkung allerdings angebracht sein, z. B. wenn emotionale Empfindungen einen für den Menschen unerträglichen Höhepunkt erreicht haben. Wenn man in solchen Situationen einen Alabaster in die Hand nimmt und betrachtet, wird die Erregung meist ziemlich rasch eingedämmt. Die emotionale Pause kann dann genutzt werden, um sich (am besten mit einem anderen Edelstein, z. B. mit dem Saphir) aus neutralerer Sicht mit dem Problem zu beschäftigen.

Dies klingt im Grunde nicht schlecht. Der Alabaster birgt aber die Gefahr einer gewissen Gleichgültigkeit, und man neigt dann dazu, das Problem ungelöst vor sich herzuschieben. Möglicherweise erkannte Hildegard darin seine „lauwarme Natur".

Calc – Kalk

„Der Kalk ist warm. Wird er gebrannt, entsteht aus ihm Kreide, und so ist auch die Kreide warm. Denn wenn der Kalk durch Feuer zu Pulver zerfällt, wird er noch stärker und bindet mit seinem Feuer Erde und Sand zusammen. Wenn ein Mensch oder ein Tier Kalk ißt, greift dessen Wärme den, der davon gegessen hat, an und macht ihn krank.

Wunden/Infektionen:
„Wenn ein Mensch an einer Stelle von einem Wurm angenagt wird, nehme er einen Teil gebrannten Kalk und doppelt so viel ungebrannten Kalk und bereite mit Essig oder essigsaurem Wein eine dünne Paste. Diese Paste trage er mit einer Feder dort auf, wo er an dem Wurm leidet. Das mache er an fünf Tagen so. Dann nehme er einen Teil Aloe und ein Drittel Myrrhe und reibe sie zusammen zu Pulver, vermische dies mit Wachs und streiche die Wachspaste auf ein Hanftuch und binde es 12 Tage lang auf die erkrankte Stelle."

Nach Hildegard mischen sich durch die Kombination von gebranntem und ungebranntem Kalk Hitze und Wärme und gehen eine Verbindung mit der Wärme und Schärfe des Weins/Essigs ein. Daraus entsteht eine Mischung, die die „Würmer" abtötet (die im übrigen aber auch stark hautreizend wirkt). Ergänzt wird die Wirkung durch Aloe und Myrrhe, die den Eiter aus der Wunde ziehen.

Entstehung des Kalk

Der graue bis bräunlich gefärbte Kalkstein (chem. Formel: Ca CO_3) ist das häufigste Sedimentgestein (Mohshärte 3). Er entstand in den verschiedensten geologischen Zeitaltern und findet sich überall in der Erdkruste. Die meisten Kalksteine sind marinen Ursprungs und lagern sich dort in geringer Wassertiefe ab. Auf den Klüften der Kalksteine findet man oft kristallisierten Calcit, ferner auch andere Mineralien. Bei Temperaturen zwischen 1.100 und 1.300 Grad Celsius wird Kalkstein zu Kalk gebrannt. In Kontakt mit Wasser und unter Wärmeentwicklung wandelt sich Kalk in Calciumoxid (gelöschter Kalk). Vermischt man den gelöschten Kalk mit Wasser entsteht die von Hildegard beschriebene Wärmeentwicklung.

Anwendung in der heutigen Edelsteintherapie

In der Edelsteinbehandlung kommt heute nur der Calcit in seinen verschiedenen Farbvariationen (orange, grün, blau, weiß, weiß-rosé, rot) zum Einsatz, wobei man sich einige spezielle Wirkungen zunutze machen kann. Orange-Calcit vermittelt Auftrieb, Kreativität, Frische; Grüner-Calcit stärkt Knochenbau und Beweglichkeit; Blauer-Calcit fördert Sicherheit und löst alte Gedankenmuster; Weißer-Calcit stärkt Bänder, Gelenke, Knochen und fördert Aufrichtigkeit; Mangan-Calcit (weiß-rosé) fördert Geduld, Zärtlichkeit und begleitet die Schwangerschaft.

Heilung aus der Küche

Wunden/Infektionen:
Dinkel, Beifußhonig, Salbei-Wein, Quitte,
Rote Rüben.

Die übrigen Steine

Es gibt eine große Anzahl weiterer Steine, die in der heutigen Edelsteintherapie durchaus sehr geschätzt werden, die Hildegard aber nicht beschreibt. Von diesen „übrigen Steine" berichtet sie nur aus genereller Sicht, wobei darunter namentlich keine Edelsteine mehr genannt werden.

„Die übrigen Steine, die in verschiedenen Erden und in verschiedenen Gegenden entstanden sind und von den Erden, in denen sie entstanden, verschiedene Eigenschaften und verschiedene Farben angenommen haben, nutzen als Heilmittel nicht viel. Dazu zählt Marmor, Sandstein, Kalkstein, Tuffstein, Feldstein und andere dieser Art. Denn sie enthalten entweder zuviel Feuchtigkeit, die nicht durch die richtige Trockenheit ausgeglichen wird, oder es ist zuviel Trockenheit in ihnen, die nicht durch die richtige Feuchtigkeit ausgeglichen wird."

Einfach zum Nachdenken...

Die Sprache des Körpers verstehen lernen

Bei einigen Edelsteinrezepten wurde deutlich, daß jede Fehlfunktion, schmerzhafte Funktion oder Nichtfunktion des Körpers einen Hintergrund hat, der im Verhalten des Menschen zu finden ist. So bringt Hildegard von Bingen die Gicht und rheumatische Beschwerden u. a. mit dem inneren Zorn des Menschen in Verbindung. Da Zorn säurebildend im Körper wirkt, begünstigt er tatsächlich die Krankheitsstoffe und Ablagerungen in den Gelenken. In ihrem Buch „Liber compositae medicinae (Causae et curae = Heilkunde)" geht die hl. Hildegard außerdem auf die Zusammenhänge zwischen dem menschlichen Körper und dem Kosmos ein und beleuchtet die Gesundheit des Menschen aus religiös-visionärer Sicht.

„Daß manche Menschen an verschiedenen Krankheiten leiden, kommt von der allzu wässrigen Feuchtigkeit in ihrem Geblüte her. Wäre nämlich der Mensch im Paradiese geblieben, so hätte er keine wässrige Feuchtigkeit in seinem Blute, von der viele Übel kommen, sondern sein Fleisch wäre unversehrt und ohne Fäulnis. Weil aber der Mensch dem Bösen seine Zustimmung gab und das Gute verließ, wurde er der Erde ähnlich, die gute und nützliche, schlechte und schädliche Kräuter hervorbringt und die gute und schlechte Feuchtigkeit und Säfte in sich hat. Denn weil Schlechtes genossen wurde, ward das Blut der Söhne Adams in Giftsamen verwandelt, aus dem die Menschenkinder entstehen. Und so ist ihr Fleisch eitrig und durchlöchert. Diese Eiterbeulen und Öffnungen bewirken in den Menschen einen Rauch von einer Art Unwetter und Feuchtigkeit, woraus die wässrige Feuchtigkeit im Blute entsteht und zusammengeballt wird, und das bringt wieder die verschiedenen Krankheiten in die Körper der Menschen..."

Über das Gehirn

„Das Gehirn wird von den guten und schlechten Säften, die in einem Menschen sind, berührt und ist deshalb immer weich und feucht. Wird es einmal trocken, so tritt sofort Krankheit ein. Es ist von Natur aus sehr feucht und fett und es ist auch der Stoff für die Wissenschaft, Weisheit und den Verstand des Menschen, so daß es diese aussendet und zurückziehend enthält und auch die Kräfte der Gedanken behält. Sitzen die Gedanken im Herzen, dann haben sie Süße oder Bitterkeit; die Süße aber macht das Gehirn fett, während die Bitterkeit es entleert. Und das Gehirn hat seine Wege, wie der Schornstein seine Öffnungen, durch die der Rauch hinauszieht; diese Wege aber sind die Augen, die Ohren, der Mund und die Nase und zeigen sich dort. Ist nun Bitterkeit darin, so zeigen die Augen Tränen, und in Zorn und Traurigkeit verraten dies das Gehör und die Sprache. Die Augen des Menschen aber sind nach der Art des Firmamentes gemacht."

Über die Augen

„Die Pupille des Auges aber ist die Sonne und die dunkle oder graue Farbe, die die Pupille umgibt, dem Monde ähnlich; das äußere Weiß des Auges gleicht den Wolken. Das Auge besteht aus Feuer und Wasser. Durch das Feuer wird es zusammengehalten und gestärkt, so daß es bestehen kann; das Wasser aber führt zum Sehen. Ist allzuviel Blut über dem Auge des Menschen, so erstickt es die Sehkraft des Auges, weil es das Wasser, das dem Auge das Sehen verleiht, austrocknet. Wird dagegen das Blut dort allzusehr vermindert, dann hat das Wasser, dem das Auge zum Sehen dienen sollte, nicht genügend Kraft, weil das Blut in ihm fehlt, das seine Kräfte wie eine Taube tragen sollte. Deshalb verdüstern sich bei den Greisen die Augen, weil ihnen das Blut entzogen wird und das Wasser mit dem Blute sich mindert. Junge Menschen aber sehen klarer als Greise, weil ihre Adern noch die richtige Mischung von Blut und Wasser haben. Denn bei ihnen haben das Feuer und das Wasser die Wärme und Kälte noch nicht übermäßig ausgetrocknet und vermindert."

Über das Blut

„Wenn der Mensch trinkt, vermehrt der feinere Saft des Getränkes die Flüssigkeit im Blute; das Verdorbene steigt mit dem Getränke nach unten, und nachdem es ausgekocht wurde, geht es vom Menschen, so wie das Hellflüssige vom Weine oben schwimmt, die Hefe aber auf dem Grunde liegt. Das Blut wird nämlich vom Speisesaft genährt, die Blutflüssigkeit aber vom Getränke. Das Blut könnte nicht ohne Flüssigkeit sein, wie auch die Speise nicht ohne Trank im Körper, denn hätte das Blut keine Flüssigkeit, so wäre es hart und hätte keine Wellen zum Fließen. Auch der Mensch würde, wenn er nur äße und nicht auch tränke, ganz ausdorren und könnte nicht leben. Daher nährt der Mensch, der schlechte und überflüssige Speisen ißt, das schlechte Blut, und wer schlechte und überflüssige Getränke zu sich nimmt, mehrt die schlechte Flüssigkeit in sich."

Über das Mark

„Das Mark in den Knochen des Menschen ist der Grundstock seines ganzen Körpers. Es ist etwas dicht, nicht überlaufend und von solcher Stärke und Kraft in den Knochen wie das Herz im übrigen Körper. Das Mark erglüht in brennendster Hitze, so daß seine Wärme über Feuerwärme geht; denn das Feuer kann ausgelöscht werden, das Feuer des Markes aber wird nicht ausgelöscht, solange ein Mensch lebt. Es durchdringt vielmehr in seiner Wärme und seinem Schweiß die Knochen und stärkt sowohl die Knochen wie den ganzen übrigen Körper des Menschen."

Über den Speichel

„...Der Speichel wäre rein und klar, wenn die Seele nicht feurig wäre; so aber ist der Speichel gleichsam der Schaum vom Feuer der Seele, gleichwie das Wasser infolge von Feuer- und Sonnenhitze Schaum auswirft. Und weil die Seele feurig ist, so hat sie auch Wasser in sich; die Fenster der Seele sind nämlich die Augen, und sie haben Feuer und Wasser. Und jegliche Feuchtigkeit, die im Menschen ist, ist wasserhaltig und strebt zum Wege der Vernunft, auf daß die Vernunft im Menschen Laut geben könne. Die Seele leitet aus dem Gehirne und den Eingeweiden Wasser in den Speichel, auf daß der Mensch sprechen könne; denn der Mensch vermöchte keinen Ton von sich zu geben und nicht ein Wort zu bilden, hätte er keine Feuchtigkeit in sich. Er wäre dann ja trocken, und so ist der Speichel wie eine gute Salbe; denn wie die Salbe die Gesundheit herbeiführt, so hält auch der Speichel im Menschen Gesicht, Gehör, Geruch, Stimme und alles, was zur Gesundheit nützlich ist, und bringt es hervor..."

Über das Fleisch

„... Ein Mensch mit magerem und dünnem Fleische bringt leichter durch Schwitzen die Feuchtigkeit aus sich heraus als der, welcher mit fettem Fleische belastet ist; denn wer mageres und dünnes Fleisch an seinem Körper hat, ist wie ein von vielen Öffnungen durchlochter Käse, der nicht stark zusammengepreßt ist. Und die Luft und die übrigen Elemente durchdringen einen solchen Menschen leicht. Daher hat er auch leicht Flüssigkeit in sich und scheidet sehr viel aus, weil er dünnes Fleisch hat. Sodann erheben sich auch die Hitze, der Geschmack der Speisen und Getränke aus seinem Magen und rauchen und steigen zur Leber, zum Herzen und zur Lunge wie ein Gift empor. Aber die Hitze der Leber, des Herzens und der Lunge können diese Flüssigkeit nicht ertragen, sondern treiben sie zur Brust und Gurgel heraus, wie die Speise, wenn sie am Feuer gekocht wird, Schaum ausfließen läßt."

Über das Körperinnere

„Die Seele ist feurig, windig und feucht und besitzt das ganze Herz des Menschen. Die Leber erwärmt das Herz, die Lunge deckt es, der Magen aber ist im inneren Menschen eine eigene Wohnung, um die Speisen aufzunehmen. Und das Herz hat das Wissen zu eigen, die Leber das Gefühl, die Lunge das Blatt der Vernunft, der Mund ist die Trompete dessen, was der Mensch hervorbringt, er nimmt auch die Erquickung des Körpers auf und äußert sich mit der Stimme, doch fängt er die Stimme nicht auf, das tut das Ohr, das aber die Stimme nicht hervorbringt."

Über den Magen

„Der Magen liegt im Menschen, um alle Speisen aufzunehmen und zu verdauen. Er ist zäh und innen etwas runzlig, damit er die Speisen zur Verdauung gut behalten kann, damit sie ihm nicht allzu schnell entgleiten... Wenn aber manche Menschen zuweilen im Übermaß Speisen zu sich nehmen, rohe nämlich und ungekochte oder halbgare, und im Übermaß und Überfluß, oder fette, allzu schwere, oder dürre und trockene, dann können das Herz, die Leber, die Lunge und die übrige Wärme im Menschen dem Magen nicht so starkes und so viel Feuer abgeben, daß diese Speisen gargekocht werden können. Sie gerinnen dann im Magen, werden hart und schimmlig. Der Magen bekommt davon grüne, eisenfarbene, schwarzbleiche und viel Fäulnis („slim"); davon werden zuweilen durch den ganzen Körper fauliger Unflat, schlechte Säfte und übler Gestank verbreitet, so wie frisch entzündetes, grünes und feuchtes Holz Rauch ausqualmt..."

Der Mensch als Mikrokosmos im Makrokosmos

„Der Mensch ist die ganze Welt." Noch einmal möchte ich diesen zentralen Satz Hildegards hervorheben. Für die ganzheitliche Gesundheit des Menschen hat er große Bedeutung, vermittelt er doch, wie abhängig wir mit Körper, Geist und Seele von dem sind, was auf uns einströmt. Vermutlich haben Sie nun gleich an Streß, Umweltgifte oder Schicksalsschläge gedacht, die natürlich auch eine wichtige Rolle in bezug auf das Wohlbefinden des Menschen spielen. Die nachfolgenden Visionen aus dem Heilkundebuch Hildegards (Causa et curae) vermitteln aber vielmehr größere und grundsätzliche Zusammenhänge von Mensch und Kosmos:

Der Mensch unterm Firmament

„In feinen Umdrehungen läßt das Firmament wundervolle Töne erschallen, die wir aber wegen der allzu großen Höhe und Weite des Firmaments nicht vernehmen... Das Firmament dehnt sich deshalb in solcher Höhe und Weite um die Erde, damit die Menschen und Tiere auf der Erde nicht sterben, denn Mensch und Tier würden von dem Feuer, den Winden, dem Wasser und den Wolken sterben, wenn sie ihnen nahe wären. Wie nämlich Leib und Seele beisammen sind und sich gegenseitig befestigen, so gehören auch das Firmament und die Planeten zusammen und fördern und stärken sich gegenseitig. Wie die Seele den Körper belebt und fest macht, so erhalten und stärken die Sonne, der Mond und die Planeten mit ihrem Feuer das Firmament."

Das Firmament im Mensch

„Denn das Firmament ist wie das Haupt des Menschen; Sonne, Mond und Sterne wie die Augen; die Luft wie das Gehör; die Winde wie der Geruch; der Tau wie der Geschmack; die Seiten der Welt wie die Arme und das Gefühl. Die übrigen Geschöpfe aber, die auf der Welt sind, sind wie der Leib; die Erde aber wie das Herz. Wie dies den oberen und unteren Teil des Körpers zusammenhält, so stellt die Erde den Wassern gegenüber, die auf ihr fließen, das trockene Element dar. Für die Wasser dagegen, die unter der Erde sind, ist die Erde der Widerstand, der sie daran hindert, nicht verkehrterweise hervorzubrechen."

Der Körper und das Firmament

„Das Firmament wird von den Sternen zusammengehalten, so daß es nicht auseinanderfällt, so wie der Mensch von den Adern aufrechterhalten wird, so daß er nicht zerfließt und nicht zerteilt wird. Und wie die Adern vom Fuß bis zum Kopf den ganzen Menschen durchziehen, so auch die Sterne das Firmament. Und wie sich das Blut in den Adern regt, und wie wiederum das Blut die Adern bewegt und sie springen und Pulsschläge geben läßt, so wird auch das Feuer in den Sternen bewegt und es bewegt wiederum die Sterne und läßt in ihnen Funken wie Pulsschläge aufspringen. Und das sind die gewöhnlichen Sterne, in denen sich nach den jeweiligen Taten der Menschen Stürme erheben. Die Planeten jedoch werden nicht fortwährend auf diese verschiedenen Weisen bewegt, sondern nur je nachdem sie von der Sonne und dem Monde hierzu veranlaßt werden, und wie es diese größeren Gestirne bestimmen. Von dem Platze aus, der jedem Sterne angewiesen ist, durchzieht er wie eine Ader, die vom Fuße bis zum Haupte des Menschen emporsteigt, nach oben hin das ganze Firmament, und die Sterne geben dem Firmament überall Glanz und Wärme, wie auch die Adern, die die Leber des Menschen durchziehen, der Leber Blut und Wärme geben. Und sie haben ihren Platz über das ganze Firmament hin, sowohl an dem Teile, den wir am Tage sehen, wie an dem, den wir nachts schauen...."

Der Mensch und die Elemente

„Im Menschen sind die Elemente. Das Feuer, die Luft, die Erde, das Wasser sind im Menschen und wirken mit ihren Kräften in ihm und kreisen in seinen Werken schnell in ihm wie ein Rad mit seinen Rundungen. Denn das Feuer ist mit seinen fünf Kräften im Gehirne (erhitzt, entzündet, bewegt, sondert aus) und den Eingeweiden des Menschen. Denn als der erste Mensch aus Lehm verwandelt ward, da brannte durch Gottes Kraft goldglänzendes Feuer in seinem Blute auf und daher leuchtet auch das Blut rot. Und die Glut beim Sehen, die Kälte beim Geruch, die Feuchtigkeit beim Geschmack, die Luft beim Hören und die Bewegung beim Gefühl zeigen das Feuer im Menschen an. Die Luft ist mit ihren früher erwähnten vier Kräften (sie entsendet den Tau, bewegt den Windhauch, vermittelt Wärme, verbreitet sich über die vier Weltrichtungen) im Atem und der Vernunft des Menschen. Die Luft leistet nämlich im Menschen durch den Lebenshauch, der die Seele ist, ihre Dienste, indem sie den Menschen trägt und der Flügel seines Fluges ist, indem er den Atem ein- und auszieht, so daß er leben kann. Und die Seele ist Feuer, das den ganzen Körper durchdringt und den Menschen belebt. Die Luft entzündet auch das Feuer und durch die Luft brennt das Feuer in allem. Auch das Wasser mit seinen fünfzehn Kräften (es wärmt, trägt Luft in sich, spendet Feuchtigkeit, überschwemmt, es ist schnell, beweglich, wässert das Holz, verleiht dem Obst Geschmack, den Kräutern das Grün, durchdringt alles mit seiner Nässe, stärkt die Vögel, nährt die Fische, wärmt die Tiere, wehrt die Reptilien durch seinen Schaum ab und es stützt alles) ist in der Flüssigkeit und dem Blute des Menschen."

144

Der Mensch im Wandel des Mondes

„... Alles regelt sich nach der Luna (dem Mond); denn sie ist die Mutter aller Zeitveränderungen, und wie die Söhne einer Mutter nach der Mutter gezählt werden, so werden alle Zeiten nach der Luna gerechnet... Die Zeit des Mondes herrscht nicht über den Mensch, als wäre der Mond sein Gott, und als ob der Mensch irgendeine Naturkraft von ihm empfangen würde oder als ob er der Natur des Menschen etwas hinzufügte, wegnähme oder in ihr begründete. Der Mond begegnet vielmehr im Luftgeschmack dem Menschen bei jeglichem Werke seines Lebens, und so werden das Blut und die Säfte, die im Menschen sind, bewegt... Wenn die Adern des Menschen in Erregung und Zorn, in Übermut bei Gastgelagen, bei Traurigkeit, bei Körperschwäche und bei den wechselvoll wirbelnd sich wandelnden Eigenschaften des Menschen anschwellen, saugt die Feuchtigkeit des Menschen den Geschmack von all dem in ihre Natur auf, so wie eine gekochte Speise je nach der Art der Speise den Geschmack festhält. Aber diese ganze Natur des Menschen durchdringt der Heilige Geist, das heißt in den Propheten, in den Weisen, in den Guten und Rechtschaffenen. Er zieht sie in jeglicher guter Auswahl an sich, wie die Sonne die Winde, durchdringt sie und erleuchtet sie, so daß diese Durchgießung mit dem Feuer des Heiligen Geistes die wandelbare Natur des Menschen überwindet, wie geschrieben steht: ‚Alles was aus Gott geboren ist, überwindet die Welt‘; und also sündigt der Mensch nicht. Und wie gewöhnliche Speisen durch den Geschmack der Gewürze in bessere verwandelt werden, so verändert das Feuer des Heiligen Geistes die geringwertige Natur des Menschen in eine bessere als er von seiner Empfängnis her hatte. So wird der Mensch in seiner Natur ein anderer, weil das, was himmlisch ist, das Irdische besiegt und überwindet, so daß sich alles in Gott erfreut und die alte Schlange verächtlich wird...“

Mondwandel - Säftewandel

„Wächst der Mond zu seiner Fülle, dann mehrt sich auch das
Blut im Menschen, und nimmt er ab, dann mindert sich auch im
Menschen das Blut. So ist es immer, sowohl beim Manne wie
beim Weibe. Wenn nämlich das Blut im Menschen sich nicht
mindern würde, nachdem es zu seiner Fülle herangewachsen
ist, dann könnte der Mensch nicht weiterbestehen, sondern
würde völlig bersten."

Mond und Fruchtbarkeit

„Wenn bei zunehmendem Monde sich das Blut also mehrt,
dann ist auch der Mensch, der Mann sowohl wie die Frau,
fruchtbar..., weil zu der Zeit der Zunahme des Blutes der
Samen stark und kräftig ist..."

Die Seele – der starke Hauch Gottes im Menschen

Mit einigen Visionen in ihrem Heilkundebuch (Causae et curae) beschreibt Hildegard von Bingen die Unfaßbarkeit und Unendlichkeit der Seele. Wie eng die Seele mit dem Körper verbunden ist und wie wichtig sie für die körperlichen Vorgänge ist, macht besonders der Abschnitt „Die Seele im Schlaf" deutlich. Hier beschreibt Hildegard deren Fähigkeit, während des Schlafes für die Regeneration von Körper und Geist zu sorgen.

Wie sie des weiteren erwähnt, unterdrücken aber Körper und Geist häufig massiv die zarten Wünsche der Seele, die nach Auswegen sucht, diese erfüllt zu bekommen. Einer ihrer Auswege kann die Krankheit sein, durch die der Mensch nicht selten wieder zu seinem Ursprung, zu sich selbst zurückfindet. Und gerade auf diesem Weg können die in diesem Buch beschriebenen Edelsteine der hl. Hildegard uns begleiten.

Von der Erschaffung der Seele

„Und als Gott das Licht schuf, das geflügelt ist und allüberall hinfliegen konnte, da faßte er zugleich den Plan, dem geistigen Leben, dem Lebenshauch, eine Körpermasse, eine aus dem Lehm der Erde herausgehobene Form zu geben. Diese Masse kann nicht fliegen, nicht hauchen und ist auch nicht imstande sich zu erheben. Sie sollte deshalb so gebunden sein, damit sie um so schärfer zu Gott hinsehe. Die alte Schlange haßte deshalb diese Verbindung, weil sich der Mensch trotz seiner durch den Körper bedingten Schwere in seiner Vernunft zu Gott erhebt."

Von den Kräften der Seele

„Die Menschenseele aber kommt von Gott aus dem Himmel in den Menschen. Sie belebt ihn und gibt ihm die Vernunft. Verläßt sie den Menschen, dann stirbt sie nicht, sondern geht ewig lebend zum Lohne des Lebens oder zu den Qualen des Todes."

Die Seele im Schlaf

„Nachdem das Mark des Schlafenden sich vermehrt und erholt, und nachdem die Seele das ganze Gefüge des schlafenden Körpers wieder gefestigt hat, zieht sie den milden Wind, den sie aus dem Marke zur Ruhe des Menschen entsandte, wieder an sich – und also erwacht der Mensch..."

„Ein Mensch, der oft erwacht, aber dann ebensooft noch schneller wieder einschläft, dessen Mark und Glieder werden um so angenehmer und linder erquickt, wie ein Kind, das oft saugt und oft wieder damit auhört, inzwischen die Kräfte zu seiner Belebung sammelt..."

„Weil die Seele des Menschen von Gott ist, sieht sie manchmal, während der Körper schläft, Wahres und Zukünftiges und ahnt zuweilen des Menschen Zukunft, die auch hie und da eintrifft. Oft aber kommt es auch vor, daß der Teufel den Geist irreführt, ermüdet und verwirrt, so daß er dies nicht völlig sehen kann und getäuscht wird..."

„Wie die Sonne das Licht des Tages ist, so ist die Seele auch das Licht des wachen Körpers, und wie der Mond das Licht der Nacht ist, so ist wiederum die Seele das Licht des schlafenden Körpers. Wenn nämlich der Körper des schlafenden Menschen in der richtigen Wärme ist, so daß sein Mark das richtige Maß hat und selbst den Körper erwärmt, und wenn weder ein Sturm von Leidenschaften noch ein unausgeglichener Charakter in ihm ist, dann sieht er sehr oft Wahres, weil dann das Wissen seiner Seele in Ruhe ist, wie der Mond den Glanz hell und voll entsendet, wenn er nachts von wirbeldnen Wolken und

Winden frei ist. Wenn aber der Sturm mannigfaltiger und entgegengesetzter Gedanken Geist und Körper des Wachenden beschäftigt und er dann in diesem Sturme einschläft, dann ist was er im Schlafe sieht, meist falsch, weil das Wissen seiner Seele in all den Widersprüchen umwölkt ist...."

„Und weil die Seele Feuer ist, zieht sie den Atem des Schlafenden mäßig ein und aus, damit der Körper nicht verwüstet werde, sie macht es wie der Töpfer, der das Gebilde am Feuer hütet, damit das Feuer nicht zu schwach und nicht zu stark sei, damit nicht bei unmäßiger Hitze das gebrechliche Gefäß völlig zerfalle."

Seele und Fleisch

„Die Seele ist ein Lufthauch, der zum Guten strebt, das Fleisch aber strebt zur Sünde. Die Seele kann den Körper nur selten und mit Mühe vom Sündigen zurückhalten, wie ja auch die Sonne den Würmlein keinen Widerstand leisten kann, die an der Stelle aus der Erde kriechen, die sie selbst mit ihrem Glanze und ihrer Hitze erwärmt. Die Seele ist ferner ein Unhauch des Körpers, wie der Blasebalg der des Feuers, denn wo Holz und glühende Kohlen daraufgelegt werden, entzündet der Blasebalg das Feuer. In gleicher Weise neigt die mit dem Körper, den Knochen, den Nerven und dem Fleische verbundene Seele zu jeglichem Werke und kann nicht davon lassen, solange sie im Körper ist. Die Seele ist so in das Mark, die Knochen, das Fleisch und alle Glieder eingewoben, wie ein Mensch, der so an einem Holzstamm geheftet ist, daß er sich nicht davon losreißen kann. Wie aber zuweilen Feuer mit Wasser ausgelöscht wird, damit es nicht über die Maßen brenne, so unterdrückt auch zuweilen die Seele, unterstützt von Gottes Gnade und ermahnt von der Vernunft, die Sündenlaster, damit sie nicht über alles Maß sich erheben und auswachsen..."

Die vier Temperamente des Menschen

Mit detaillierten Beschreibungen in ihrem Heilkundebuch (Causae et curae) teilt Hildegard Frauen und Männer in vier Temperamentstypen ein: Choleriker, Sanguiniker, Melancholiker, Phlegmatiker. Im Vordergrund der Typeneinstufung stehen Körperbau, Aussehen, Wesen und Sexualität des Menschen. Wer nun seine Veranlagung, Wesensart, seine Krankheitsdispositionen, seine Vorzüge, aber auch seine Grenzen besser einschätzen kann, wird leichter eine Lebensrichtung erkennen, die gegen seine Natur und damit negativ für ihn wäre. Die einzelnen Frauen- und Männer-Typen sind nachfolgend dargestellt.

Die Cholerikerin

„Es gibt Frauen, die haben wenig Fleisch, starke Knochen, mittelmäßige Adern, dickes, rotes Blut und einen blassen Teint. Sie sind klug und wohlwollend, werden von den Menschen verehrt und gefürchtet. Beim Monatsflusse verlieren sie sehr viel Blut; die Gebärmutter ist bei ihnen stark, und sie sind fruchtbar. Die Männer lieben ihren Charakter, doch gehen sie ihnen etwas aus dem Wege, weil diese Frauen die Männer nicht anlocken und nicht nach sich ziehen. Sind sie mit Männern ehelich verbunden, dann sind sie keusch, halten die eheliche Treue und sind mit ihnen an ihrem Leibe gesund. Müssen sie aber ohne Mann sein, dann leiden sie an ihrem Körper, sowohl, weil sie nicht wissen, welchem Mann sie die weibliche Treue halten sollen, als auch, weil sie keinen Gemahl haben. Und hört bei ihnen der Monatsfluß früher auf als er sollte, dann werden sie leicht lahm und zerfließen in ihren Säften, so daß sie in diesen Säften erkranken oder leberleidend werden, oder sie bekommen leicht ein schwarzes Blutgeschwür, und ihre Brüste schwellen vom Krebse an."

Der Choleriker

„Manche vom männlichen Geschlechte werden besonders mannhaft, und diese haben ein starkes und dichtes Gehirn. Ihre äußeren Adern, die ihre Haut zusammenhalten, sind rötlich. Auch ihre Gesichtsfarbe ist rötlich, so wie man es auf manchen Bildern sieht, die mit roter Farbe bemalt werden. Sie haben auch starke und feste Adern, die brennendes, wachsfarbiges Blut führen. Um die Brust sind diese Männer fest und gedrungen gebaut, und sie haben starke Arme; doch sind sie nicht allzu wohlbeleibt, weil ihre starken Adern, ihr starkes Blut und ihre starken Glieder nicht zuviel Fett ansetzen lassen. Der Wind in den Lenden dieser cholerischen Männer ist mehr feurig als windig. Er hat zwei Zelte unter sich, in die er wie in einen Blasebalg bläst. Und diese zwei Zelte umgeben den Stamm aller Kräfte des Mannes und sind ihm Hilfe, gleich Bollwerken, die neben einem Turme stehen und diesen verteidigen... Und wenn sie dann diesen Stamm in seiner Kraft aufrichten, halten sie ihn fest, und also grünt dieser Stamm zur Nachkommenschaft.“

„...Die eben beschriebenen Männer sind klug, werden von anderen gefürchtet, umfangen gerne Frauen und gehen anderen Männern aus dem Wege, weil sie die Frauen mehr als die Männer lieben. Denn die Form des Weibes lieben sie in der Verbindung so sehr, daß sie sich nicht beherrschen können. Ihr Blut glüht in heißem Feuer, wenn sie nur eine Frau sehen oder hören oder sie in Gedanken vor sich sehen. Erblicken sie eine Frau, dann sind ihre Augen wie Pfeile der Liebe, und wenn sie eine Frau hören, ist ihr Gehör wie ein überstarker Wind, und ihre Gedanken sind wie ein Sturmwind, der nicht zurückgehalten werden kann...“

„Haben solche Männer Verbindung mit Frauen, dann sind sie gesund und froh, müssen sie aber solchen Verkehr entbehren, dann vertrocknen sie in sich selbst und kommen wie Sterbende daher, wenn sie nicht im Übermaße der Träume, Gedanken oder in einem widernatürlichen anderen Ding den Schaum ihres Samens auswerfen können... Wenn solche Männer aus Not, Scham, Gottesfurcht oder aus Liebe zu Gott die Weiber fliehen, dann müssen sie ihnen wie Gift aus dem Wege gehen, weil sie kaum Scheu oder Selbstbeherrschung von der Umarmung der Frauen, die sie sehen, zurückhalten kann."

Die Sanguinikerin

„Manche Frau hat Anlage zur Beleibtheit, ein weiches Fleisch, schlanke Adern und ein gesundes, von jeder Fäulnis freies Blut. Und weil sie schlanke Adern hat, hat sie auch weniger Blut in sich, und ihr Fleisch mehrt sich desto besser und ist um so mehr vom Blute durchdrungen. Solche Frauen haben ein lichtes, weißes Antlitz, sind gerne bei der Umarmung der Liebe, sind liebenswürdig, feinfühlig für Kunstarbeiten, in ihrer Seele enthaltsam und erleiden zur Zeit des monatlichen Blutflusses nur einen geringen Verlust an Blut. Das Gefäß der Gebärmutter ist bei ihnen zum Gebären stark gebaut...

Wenn sie ohne Männer sind, so daß sie keine Kinder haben, dann werden sie leicht an ihrem Körper krank, haben sie aber Männer, dann sind sie gesund..."

Der Sanguiniker

„Andere Männer haben ein warmes Gehirn, eine angenehme, aus weiß und rot vermischte Gesichtsfarbe, dicke Adern voll Blut, das kräftig ist und die richtige rote Farbe hat. Sie haben auch eine frohe Feuchtigkeit der Säfte in sich, die weder Traurigkeit noch Bitterkeit niederdrückt und die Herbe der Melancholie flieht und meidet. Und weil sie ein warmes Gehirn, gesundes Blut und keine niederdrückenden Säfte haben, so ist das Fleisch an ihrem Körper fett.

Die Veranlagung an ihren Oberschenkeln ist mehr windig als feurig, und deshalb können sie sich auch enthalten, weil der

überreiche Wind ihrer Schenkel das Feuer in ihnen niederdrückt und mäßigt.

Und fällt auch zuweilen der Wind und das Feuer in die beiden
Gezelte, so leisten solche Männer alle ihre Verpflichtungen
doch in Ehrsamkeit und vernünftiger Liebe, weil ihr Stamm ehr-
sam blüht und grünt. Man nennt sie deshalb ein gülden Gebäu-
de in der richtigen Umarmung... Solche Männer müssen sich
der Wohnung von Männern gesellen, weil die Natur des Weibes sanfter und milder ist als die der Männer. Sie können aber
auch mit Ehrsamkeit und Fruchtbarkeit bei Frauen sein und
vermögen sich andererseits ihrer zu enthalten. Mit schönen
und nüchternen Augen sehen sie die Frauen an. Denn während
die Augen der anderen wie Pfeile sind, kommen ihre Blicke mit
denen der Frauen ehrbar zusammen, und während die Stimme
der anderen wie ein übergewaltiger Sturmwind die Frauen
umbraust, ist ihre Stimme wie der Klang einer Zither, und
während die Gedanken der anderen wie Böen sind, werden
diese kluge Liebhaber in aller Ehrsamkeit genannt...

Sind aber die Sanguiniker ohne Frauen, dann bleiben sie
ohne Ruhmesglanz wie der Tag, an dem keine Sonne scheint.
Und wie sich die Früchte an sonnenlosen Tagen halten und
nicht verdorren, so bleiben diese Männer ohne Frauen in
gemäßigter Stimmung, mit Frauen aber sind sie fröhlich wie ein
sonnenklarer Tag...“

Die Melancholikerin

„Schließlich gibt es noch andere Frauen; sie haben mageres
Fleisch, große Adern, mittelmäßige Knochen und ein Blut, das
mehr Fäulnis als gesundes Blut enthält. Ihr Teint ist eisengrau
und schwarz. Diese Frauen sind in ihren Gedanken windig und
ausschweifend, voll Überdruß siechen sie in ihren Beschwerden dahin. Beim Monatsflusse verlieren sie sehr viel Blut;
außerdem sind sie unfruchtbar, weil sie eine schwache und
gebrechliche Gebärmutter haben. Sie können also den Samen

des Mannes nicht empfangen, nicht behalten und nicht erwärmen, und daher sind sie ohne Männer gesünder, stärker und fröhlicher... Aber auch die Männer gehen ihnen aus dem Wege, weil sie die Männer nicht liebenswürdig anreden und weil sie sie wenig lieben. Und fühlen solche Frauen auch einmal zu einer Stunde die fleischliche Lust, so verschwindet sie rasch wieder bei ihnen.

Hat aber die eine oder andere solche Frau einen starken und blutreichen Mann, dann kann es vorkommen, daß sie im reifen Alter, vielleicht mit fünfzig Jahren, ein Kind gebärt..."

Der Melancholiker

„Es gibt auch andere Männer, deren Gehirn fett und deren Gehirnhäutchen und Gehirnadern stürmisch sind. Ihr Antlitz zeigt düstere Farben; ihre Augen sind häufig feurig und viperngleich.

Sie haben harte und starke Adern, in denen schwarzes und dickes Blut fließt. Dick und hart ist ihr Fleisch, groß sind ihre Knochen, die nur mäßig Mark enthalten, das aber so heftig brennt, daß sie mit Frauen wie Tiere und Vipern unenthaltsam sind... Eine richtige Liebe haben sie zu niemandem; immer sind sie bitter, habsüchtig und unvernünftig, in der Lust ausschweifend und mit den Weibern wie die Esel. Lassen Sie zuweilen von der Lust, dann werden sie leicht im Kopfe krank und wahnsinnig. Frönen sie jedoch im Umgang mit Frauen ihrer Lust, dann leiden sie nicht an Kopfschmerzen; aber ihre Umarmungen, die sie maßvoll mit den Frauen vollziehen sollten, sind ein Verkrümmen, haßvoll und todbringend wie die von reißenden Wölfen.... Manche von den Melancholikern können das weibliche Geschlecht meiden, weil sie die Frauen nicht lieben, dann sind sie in ihren Herzen wild wie Löwen und haben Bärensitten; bei der Arbeit ihrer Hände aber sind sie brauchbar, geschickt und gerne tätig."

Die Phlegmatikerin

„Bei anderen Frauen wächst das Fleisch nicht viel, weil sie große Adern haben und etwas gesundes, weißes Blut, das jedoch einiges Gift enthält, wodurch die weiße Farbe aufgesaugt wird. Sie haben ein ernstes Gesicht und einen dunklen Teint, sind tüchtig, brauchbar und besitzen einen etwas männlichen Geist. Zur Zeit des Monatsflusses ist ihr Blutverlust weder zu wenig, noch zu stark, sondern gerade im richtigen Maße. Und weil sie große Adern haben, sind sie außerordentlich fruchtbar an Nachkommenschaft und empfangen leicht, weil auch ihre Gebärmutter und all ihre Eingeweide stark genug sind. Sie ziehen die Männer an sich und nach sich, und deshalb lieben sie die Männer. Wollen sie sich aber der Männer enthalten, so können sie es und werden dadurch nur ein wenig geschwächt..."

Der Phlegmatiker

„Es gibt schließlich noch Männer, die ein fettes, weißes und trockenes Gehirn haben, weil die Äderchen ihres Gehirnes mehr weiß als rot sind. Deren Augen sind groß und garstig. Ihr Antlitz hat Weiberfarbe, ihre Haut kein heiteres Aussehen, sondern erloschene Farbe, ihre Adern sind weit und weich, ohne viel Blut... In ihren Gedanken und ihren Worten sind sie kühn und tüchtig wie das Feuer, dessen Flamme bald plötzlich aufloht und plötzlich wieder zusammensinkt. Auch in ihrem Auftreten zeigen sie sich kühn; in ihren Werken jedoch findet sich diese Kühnheit nicht... Der Wind in ihren Lenden hat nur ein ganz mäßiges Feuer, so daß er nur ein wenig wärmt, wie Wasser, das kaum warm ist. Und die beiden Häuser, die wie Blasebälge das Feuer erwecken sollten, sind in ihrer Schwäche verlassen und haben nicht Kraft genug, den Stamm aufzurichten, weil in ihnen nicht die Fülle des Feuers ist. In ihrer Umarmung können sie geliebt werden; sie vermögen auch gut mit Männern und Frauen zusammenzuleben, weil sie treu sind... Weil sie aber den Neid nicht kennen, lieben sie in ihrer gutmütigen Art bei ihrer schwachen Natur die Frauen, die ebenfalls schwach sind, weil das Weib in seiner Schwäche wie ein Knabe ist. Dabei erwärmen sich diese Männer etwas, so daß ihnen ein bißchen Bart wächst, der aussieht wie ein Land, das ein bißchen Gras hervorsprießen läßt. Des Pfluges Vollkommenheit haben sie jedoch nicht und können also die Erde nicht besteigen, denn sie vermögen sich mit den Weibern nicht wie fruchtbare Männer zu verbinden, sie sind ja unfruchtbar. Daher leiden sie in ihrer Seele nicht viel an der Luft, höchstens haben sie zuweilen eine Vorstellung davon und den Wunsch danach. Und weil dieser Mangel ihrem Körper anhaftet, ist auch ihr Geist träge."

Zwölf Monate – Abbilder des Menschen

Wie sinnbildreich verwoben Körper, Geist und Seele des Menschen mit der Welt und dem Kosmos sind, haben schon die letzten Kapitel gezeigt. Hildegard zeigt in ihrem Werk „Liber divinorum operum – Buch der Gotteswerke" ferner den Zusammenhang zwischen den Monaten eines Jahres und dem Leben des Menschen auf. Sie sagt: „Wie Gott die Natur im Menschen vorgebildet hat, so hat er auch in ihm die Zeiten des Jahres geordnet." Damit hält sie uns sozusagen den „kosmischen Spiegel" vor Augen. Zu sehen sind darin die ewig gleichen Kreisläufe der Natur in ihrem farbigen Wechselspiel, in ihrem Austreiben, Blühen, Reifen und Verfallen. Und mitten drin sind wir, die Menschen, die in ihrem Lebenslauf ähnliche Reifeprozesse durchmachen, wie es uns Hildegard anhand von Monatsbildern treffend und anschaulich schildert.

Der erste Monat

„Im ersten Monat erhebt die Sonne sich wieder. Doch zeigt sie sich kalt und feucht, voller Widerspruch ist sie und schwitzt das in weißen Schnee verwandelte Wasser aus. Die Eigenschaften des ersten Monats gleichen dem Gehirn, das auch kalt und feucht ist und sich reinigt, in dem es die wertlosen Säfte durch Augen, Ohren und Nase auswirft..."

Für Hildegard ist der erste Monat das Sinnbild für die Kindheit, die noch keine Arglist und keine fleischliche Lust kennt. In dieser Zeit kann die Seele ihr ganze Kraft zeigen, bevor sie mit der Pubertät in eine große Traurigkeit gestürzt wird. Nun erwachen die körperlichen Säfte des Menschen, der zunehmend von Fleischeslust befleckt wird, sich der Leichtigkeit und dem Laster hingibt und darüber Gott vergißt. Da die Seele in diesem frühen Lebensalter aber noch nicht völlig verdunkelt ist, kann sie sich noch dem rechten Tun zuwenden: „Wenn dann dieser Mensch durch Belehrung und durch die Ermahnung des Heiligen Geistes Tränen der Reue vergießt, wird er gereinigt vom Gestank der Sünde und zum süßen Duft des guten Rufes kommen. Er meidet Unwissen und Widerwillen an guten Werken und wird so gereinigt."

Der zweite Monat

„Der zweite Monat ist von Natur aus auf Reinigung bedacht. Er findet eine sinnhafte Bedeutung in den Augen des Menschen, weil auch die Augen, wenn sie wäßrig, unrein und kränklich sind, sich mitunter von selbst reinigen. So ist auch die Seele im Menschen wie der Saft in einem Baume. Wie durch den Saft alle Früchte des Baumes gedeihen, so werden durch die Seele alle Werke des Menschen verwirklicht."

Hildegard beschreibt damit eine sehr schaffensreiche und ereignisreiche Lebensphase des Menschen, die ferner von intensiven körperlichen Bedürfnissen bestimmt wird. Gibt der Mensch ihnen unbedachterweise nach, so gebietet ihm die Seele eines Tages Einhalt: „Wenn er dann mit dem Auge seines Gewissens betrachtet, was er mit seinen Sünden angestellt und wie unbußfertig er sie ausgeführt hat, so wird er von aller Befleckung gereinigt werden. In Zukunft wird dieser Mensch bestrebt sein, die Sünde zu meiden."

Der dritte Monat

„Der dritte Monat kommt mit einem wilden Wirbel herauf. Er führt Unwetter mit sich und hat auch manch Unheilvolles in sich. Trotzdem setzt er mit seinen vielfachen Winden die Keime in der Erde in Bewegung. Unter diesem Monat soll man sich die Ohren vorstellen. Auch in ihnen tönt der Laut von so viel Wertvollem und Nutzlosem, durch die der Organismus in seiner Gesamtheit in Bewegung gehalten wird. Auch die Seele im Leib, der durch sie bewegt und ausgefüllt ist und wie mit Gefäßen verknüpft wird, steht in einer Auseinandersetzung mit den anwachsenden Kräften ihrer Natur. In dieser Situation gleicht der Mensch in der Mitte seiner Jugend einem Baume, der zunächst nur grobes Geäst und später erst die Früchte ans Licht bringt..."

In dieser Phase, die Hildegard beschreibt, ist der Mensch sozusagen mitten in seiner Sturm-und-Drang-Zeit, sein Charakter ist aber noch unharmonisch. Obwohl sein Körper nun vor Kraft strotzt, leidet er häufig an seelischen Verstimmungen und beklagt die eigene Minderwertigkeit. Er ist begierig nach Anerkennung, neigt zu Übertreibung und Hochmut und zur Lüge. Die Seele jedoch leidet unter dem Zustand und dann beginnt der Mensch die Auwüchse seiner jugendlichen Gesinnung zu bereuen und wiedergutzumachen. Das beflügelt seine Seele – „Und sie ist es, die bewirkt, daß er sich ob seiner guten und fruchtbaren Werke freut, als wäre er im Paradies."

Der vierte Monat

„Der vierte Monat ist voller Lebensgrüne und Wohlgeruch, auch wenn es in ihm schrecklich donnern kann. Unter diesem Monat kann man sich die Nase vorstellen, mit der der Hauch der Seele den Duft einzieht und wieder ausströmen läßt, in der ganzen Vielfalt, was der Mensch mit Ehrfurcht auswählt. Diesem Monat gleicht der Mensch, wenn er kraft des Vernunfthauches seiner Geistigkeit im Gewissen das Grün der guten Werke einsichtig auswählt..."

In dieser Lebensetappe bemüht sich der Mensch um Rechtschaffenheit, Nützlichkeit und um einen guten Ruf. Doch Hildegard warnt auch vor den Tücken dieses Monats, denn der Mensch ist auch von Neid und Lügen umgeben. Sie können ihm, dem Starken und Standhaften, aber nichts anhaben, denn wenn er mit Vernunft nur das Rechte und Edle wählt, hat er Gott auf seiner Seite: „Wer also Gott fürchtet und liebt, der hütet seinen Sinn vor jeder Schlechtigkeit, wie auch der Mensch seine Nase von jedem Ding, das das stinkt und unrein ist, mit Abscheu abwendet."

Der fünfte Monat

„Der fünfte Monat ist lieblich und leicht und herrlich in allen Dingen der Erde. So ist auch dem Mund das Schmecken süß und ergötzlich, er erkennt, was den Menschen mit Freude erfüllt. Ähnlich ist die Vernunft die Säule und das Mark der fünf Sinne, die durch jene gehalten und zum Wirken angetrieben werden, gleich wie die Erde, durch den Pflug umgegraben, sich im Keimen als fruchtbar erweist. Das Sehen aber, der Sinn der Augen, womit der Mensch alles erblickt und begreift, hält mit Recht unter den übrigen Sinnen die Spitze... Und so erkennt auch der Mensch mit der Schau seiner Augen den vollen Gebrauch der natürlichen Dinge auf ganz natürliche Weise."

In dieser fünften Lebensphase fällt dem Menschen vieles leicht. Er erkennt Zusammenhänge, trifft Entscheidungen und besitzt einen scharfen Verstand. Es ist gleichzeitig auch eine genußreiche Phase, die Hildegard mit dem Mund als Sinnbild bedacht hat.

Der sechste Monat

„Der sechste Monat ist in seiner Hitze recht trocken. Um des guten Gedeihens willen mildert seine Natur mit jenem Lufthauch, der den Früchten die Reife bringt, doch gießt er auch bisweilen im Überfluß die Wasserfluten aus. Dies ist das Sinnbild für die Schultern des Menschen, die mit ihrer Wärme ebenfalls trocken sind. Sie unterziehen sich der Arbeit, führen jegliches Werk aus und halten den Körper zusammen.

Zuweilen sehnen sie sich ob aller Arbeit nach Ruhe, wie ein Vogel, der aus Ermüdung die Flügel spreizt. Ähnlich ist auch der zweite Sinn, das Hörvermögen... Indem die Ohren den Klang einer jeden Erscheinung aufnehmen, kann jedes Ding der Natur, was immer es sei, seinem Wesen nach erkannt werden. Um dieses Wesen zu entdecken, strengt der Mensch auch seinen Geist an..."

Der Mensch ist in dieser Phase also hellhörig geworden und setzt das Gehörte nach seinen Plänen um. Seine Seele wird in dieser Zeit mit Gutem und Bösem, Wertvollem und Minderwertigem konfrontiert und wartet darauf, die guten Werke in Angriff zu nehmen. Der Mensch erlebt die Phase oft mit wiederkehrender Traurigkeit und sucht die Ruhe, um zu tieferem Wissen vorzudringen.

Der siebente Monat

„Der siebente Monat brennt in voller Sonnenglut und hat gewaltige Kräfte in sich. Er macht die Früchte der Erde reif und trocknet sie aus. Mit seinem zwischen Dürre und Regenfluten schwankenden Wetter ist er voll Leidenschaft. Auf eine ähnliche Weise sind auch die Gelenke der Arme stark, und zwar durch die Schultern und Hände, mit denen der Mensch alle notwendigen Verrichtungen faßt und festhält... Durch sein Wissen vermag der Mensch alles an sich zu binden und so unter seine Herrschaft zu bringen, daß das Schlechte in den Säften herausgefiltert wird und diese ihm mit ihrer gesundheitsfördernden Kraft zugute kommen..."

Hildegard beschreibt den Menschen in dieser Lebensphase als ordnend, gesundheitsbewußt, fürsorglich und vorsorglich handelnd.

Trotz aller Bedachtsamkeit der Sinne und des Geistes kann es zu Fehlschlägen und Fehlhandlungen kommen, die der Mensch mit großen inneren Kräften überwindet und sich dem Guten zuwendet.

Der achte Monat

„Der achte Monat kommt in voller Kraft herauf, einem mächtigen Fürsten gleich, der sein ganzes Reich in der Fülle der Macht beherrscht. Daher strahlt die Freude aus ihm. Er, der dahinbrennt in der sengenden Sonne, zieht schon, einer gewissen Feuchtigkeit wegen, den Tau nach sich. Auch kann er schreckliche Gewitter bringen, weil die Sonne sich wieder ihrem Niedergang zuwendet. Die Eigenschaften dieses Monats zeigen sich in den Händen des Menschen, die jedes Werk verrichten und die Macht des ganzen Leibes in sich vereinigen und speichern. Ob dieser Hände erwirbt der Mensch sich oftmals Ruhm. Gleichermaßen erkennt der Mensch durch das Geschmacksvermögen des Mundes, mehr als durch die übrigen Sinne und auf eine vollständige Weise, die Kräfte, die den Nahrungsmitteln innewohnen...“

Hildegard beschreibt den Menschen in dieser Lebensphase als gereift und klug handelnd, der sich ebenso kraftvoll wie rechtschaffen für seine Ziele engagiert und sich mit seiner ganzen Kreativität dafür einsetzt. Die menschliche Seele ist in dieser Zeit kämpferisch, sie strebt höhere Tugenden an, kämpft gegen niedere Gelüste des Fleisches an und fordert den Menschen auf, alte Sünden zu bereuen und hinter sich zu lassen.

Der neunte Monat

„Der neunte Monat ist Reifezeit. Keine schrecklichen Gewitter verzerren mehr sein Gesicht. Allen wertlosen Saft nimmt er von den Früchten, damit sie gut zu genießen seien. All das trägt dieser Monat wie in einem Sack sicher durch die Zeit. Er kann daher mit seinen Eigenschaften mit dem Magen des Menschen verglichen werden. Alles, was in ihn hineingestopft wird, muß mit Hilfe der Hitze der Leber und der übrigen Eingeweide durchgekocht werden. Daher wirft er auch normalerweise sein Produkt aus Erhitzung und Abkühlung in bestimmter Gesetzmäßigkeit wieder aus... Der Mensch aber vermag aufgrund seiner Sinnesausstattung zu erkennen, was zum Verzehren reif ist. Erst jetzt wird er die Früchte zu sich nehmen, damit er nicht durch die Unreife jener Säfte unpäßlich werde... Mit einer solchen Vorsicht eignet sich der Mensch alles Brauchbare an, wie jemand wohl einen Gegenstand, den er liebgewonnen hat, sorgfältig bei sich einschließt, damit er ihm nicht abhanden komme..."

Gemäß der symbolischen Energie des neunten Monats legt der Mensch nun verstärkt Wert auf Sorgfalt und Vorsicht und er entwickelt zunehmend die Geduld zu warten, bis die Lebensfrüchte reif sind. In den Tugenden der Geduld und Demut wird er von seiner Seele unterstützt, die sich stark macht, damit keine Anfechtung sie mehr durchbrechen kann.

Der zehnte Monat

„Der zehnte Monat gleicht einem sitzenden Menschen. Er eilt nicht mehr in der Vollkraft seiner grünenden Lebensfrische geschwinde dahin und hat nicht mehr die volle Lebenswärme. Dafür schmückt er das Geäst der Bäume aus, indem er die Kälte ausschwitzt. So faltet sich auch der sitzende Mensch zusammen, um der Kälte zu entgehen...

Der knabenhaften Sitten überdrüssig, stellt er in der Reife des Alters den Wankelmut leichtfertiger und törichter Verhaltensweisen ein. Er meidet die Gesellschaft stupider Menschen, die ihn mit ihrer Unwissenheit doch nur täuschen würden..."

Wie Hildegard beschreibt, lassen nun die Gelüste der Fleischlichkeit bei diesem Menschen nach und er empfindet die Trockenheit und die Kälte, die diese Lebensphase mit sich bringt. Seine Seele aber ist von großer Lebendigkeit, da sie die wachsende Weisheit und die Abwendung vom Laster und fleischlicher Lust in diesem Menschen spürt.

Der elfte Monat

„Der elfte Monat kommt gebückt. Er baut die Kälte auf. Keine Sommerfreuden hat er aufzuweisen. Er bringt die Schwermut des Winters. Die Kälte bricht aus ihm heraus, fällt über die Erde und wühlt den Schmutz auf. Dem gleicht der Mensch, wenn er die Knie beugt, damit die Kälte ihn nicht durchdringe. Beugt er so in Treuer seine Knie, dann häuft er in seinem Herzen schmerzvolle Gedanken, hält sich für nichtigen Schmutz und findet nicht mehr den Aufschwung zur Freude - erinnert er sich doch in dieser seiner Herzenstrauer daran, daß die Knie des Menschen von Natur aus, in seinem ersten keimhaften Zustand, gebeugt sind...Deshalb ist dieser Monat, der fern von den Freuden des Sommers seine tristen Tage dahingehen läßt, mit den Knien des Menschen zu vergleichen."

Im elften Monat beschreibt Hildegard den alten Menschen, der die Fröhlichkeit seiner Jugendzeit nicht mehr halten kann, der nach Wärme ebenso sucht wie nach Erinnerungen. In dieser Zeit beginnt der Mensch mit dem Jammern und Seufzen und trägt doch gleichzeitig noch die Begierde der Sünde in sich. Das schwächt auch seine Seele, die sich erst erholt, wenn der Mensch sich auf das Gute besinnt und dem Lauf der Natur entsprechend handelt.

Der zwölfte Monat

„Der zwölfte Monat ist mächtig kalt. Die Erde wird hart und friert. Winter bedeckt das Land mit gefrorenem Schaum und macht es lästig und beschwerlich. Mit diesen Eigenschaften werden die Füße verglichen, die so vieles niederstampfen, breittreten und in die Erde eindämmen, damit sie sich nicht erhebe und man auf ihr stehen kann..."

Für diesen Monat zeichnet Hildegard den Menschen in seiner ganzen Härte und Verbitterung auf. Er läuft Gefahr, sich mit dem Herzen und Mund von aller Seligkeit abzuwenden. Es ist die Zeit der großen Abrechnung, die bald gefolgt sein wird von der Gegenüberstellung mit Gott. Dann rundet sich das Jahr und wendet sich einem neuen, doch ewig währenden Rhythmus zu.

Hildegard-Steine
und ihre Anwendungsbereiche

Abwehr negativer
Energien:
Topas, Chrysolith, Jaspis,
Chrysopras, Amethyst,
Diamant

Allergie:
Zirkon

Alpträume:
Jaspis

Augenleiden:
Saphir

Augenschwäche:
Zirkon, Onyx, Saphir,
Bergkristall

Augengeschwür:
Zirkon, Onyx, Saphir

Augentrübung:
Zirkon

Aussatz:
Topas

Bauchschmerzen:
Bergkristall

Begierden:
Sardonyx

Besessenheit:
Saphir, Chrysopras

Bösartigkeit:
Diamant

Bindehautentzündung:
Saphir

Dasselbeule:
Smaragd

Depression:
Onyx

Diebesschutz:
Achat

Drüsenschwellung:
Bergkristall

Dummheit:
Saphir

Epilepsie:
Smaragd, Chrysopras, Achat

Fastenunterstützung:
Diamant

Feinfühligkeit, fehlende:
Achat

Fieber:
Topas, Chrysolith, Prasem, Rubin, Kalkoolith

Fieber, hohes:
Sarder, Onyx

Fieberhafter Durchfall:
Sardonyx

Flügelfell (Augenleiden):
Saphir

Frischhaltung:
Rubin

Geburtsbegleitung:
Jaspis

Geburtsschwierigkeiten:
Sarder

Gehörverlust:
Sarder, Jaspis

Geistesbesessenheit:
Saphir

Geisteskrankheit:
Diamant

Gelbsucht:
Sarder, Diamant

Geschwüre:
Smaragd, Kalk

Gicht:
Jaspis, Chrysopras, Diamant

Gift:
Chrysopras, Topas

Harnverhaltung:
Bernstein

Haut, fleckige, aussätzige:
Topas, Amethyst

Hautausschläge, allergische:
Zirkon

Herzschmerzen:
Smaragd, Zirkon, Onyx, Chrysolith, Bergkristall

Hörschwierigkeiten:
Sarder

Infektionen:
Rubin, Kalk

Insektenstiche:
Amethyst, Achat

Intellektstärkung:
Saphir

Jähzorn:
Sardonyx, Chalcedon, Achat, Diamant

Körper- und Hautreaktionen, brennende:
Prasem

Körperverletzung:
Prasem

Konzentration:
Jaspis

Kopfschmerzen:
Smaragd, Rubin, Kalkoolith

Kopfschmerzen, krankheitsbedingt:
Sarder

Kopfschmerzen, rheumatische:
Saphir

Kropf:
Bergkristall

Lachzwang:
Zirkon

Läuse:
Amethyst

Liebeswahn:
Zirkon, Saphir

Magenschmerzen:
Smaragd, Onyx, Bernstein, Bergkristall

Magen-Darmfieber:
Zirkon

Milzleiden:
Topas

Milzschmerzen:
Onyx

Mondsucht:
Achat

Nasenbluten:
Karneol

Nesselsucht:
Bergkristall

Ohnmachtsanfälle:
Bergkristall

Redegewandtheit:
Chalcedon

Rheumatische Beschwerden:
Chrysopras

Rinderpest:
Onyx

Schlaganfall:
Diamant

Schnupfen:
Jaspis

Schwächeabwehr:
Chalcedon, Rubin

Schwellungen:
Amethyst

Schüttelfrost:
Sarder, Rubin

Sehschwäche:
Zirkon, Bergkristall

Sehstörung:
Topas

Verwirrung:
Zirkon, Diamant

Seitenschmerzen:
Smaragd, Onyx

Wahnvorstellungen:
Chrysopras

Selbstvertrauen:
Chalcedon

Wetterfühligkeit:
Rubin

Sinnestäuschungen:
Jaspis

Wissensfestigung:
Chrysolith

Speichelfluß:
Smaragd

Wollust:
Zirkon, Sardonyx

Spinnenbisse:
Amethyst, Achat

Zornabbau:
Sardonyx, Chrysopras

*Stimmungs-
schwankungen:*
Rubin

Streitsucht:
Beryll

Taubheit:
Sarder, Jaspis

Tobsucht:
Magnetit

Verschleimung:
Smaragd

Vergiftung:
Beryll

Vergiftungsschutz:
Topas, Chrysopras

Hildegard-Heilmittel und ihre Anwendungsbereiche

Abwehr negativer Energien:
Schlüsselblume, Weinraute, Veilchenelixier, Fenchelsaft, Flohsamen, Bibernellwurzel, Farnkraut, Hirschhornmischung, Störfischknochen

Alpträume:
Iriswurzelmischung, Poleiminze, Betonikakraut

Augengeschwür:
Veilchenöl, Welsgalle, Weiße Taubnessel, Wildgansgalle, Alantwein

Augenschwäche:
Veilchenöl, Welsgalle, Weiße Taubnessel, Wildgansgalle, Alantwein

Augenlicht, nachlassendes:
Frische Lindenblätter, Veilchenöl

Augentrübung:
Rebtropfen, Veilchenöl, Veilchen-Rosen-Fenchel-Wein, Lindenblätter, Odermenning, Wildgansgalle

Aussatz/fleckige Haut:
Grünspechtsalbe, Habichtfett, gewärmtes Roggenbrot, Hainbuchenspäne

Bauchschmerzen:
Metrakraut, Apfelbaumwurzelerde, Leinsamen

Begierden:
Steinbeißerpulver, Kubebenkörner, Myrrhe

Besessenheit:
Balsamkräutertee, Betonikakraut, Iriswurzelmischung

Bindehautentzündung:
Frankenwein, Rebtropfen

Bösartigkeit:
Gelöschter Wein, Edelkastanienextrakt

Dasselbeule:
Mensch: Brombeerpulver, Tier: Hechtknochenpulver, Ringelblume

Depression:
Ysopgewürzpulver, Fenchelsaft, Flohsamen

Drüsenschwellung:
Sanikelelixier, Eisenkraut,
Veilchensalbe

Epilepsie:
Entenschnabelmischpulver,
Straußenfleisch

Fäulnisbildung:
grüne Zedernzweige, Alantwein,
Rehfleisch

Fastenunterstützung:
Zitwerpulver, Rettichwurzelpulver

Feinfühligkeit, fehlende:
Edelkastanienextrakt, gemischtes
Lattichpulver, Mispelfrucht,
gelöschter Wein

Flügelfell (Augenleiden):
Weiße Taubnessel, Wildgansgalle

Fieber:
Akeleisaft, Bärwurzpulver, Eibischblätter, Meisterwurz, Bockshornklee, Brunnenkresse, Balsamkräutertee, Basilikumkraut

**Fieber/brennende
Hautreaktionen:**
Quendel, Quitte, Schöllkraut,
Salzheringslake

Fieberhafter Durchfall:
Meisterwurz, Mutterkümmel-
mischpulver

Geburtsschwierigkeiten:
Fenchel-Gundelrebenkraut-
mischung, Buchenschwamm

Gehörverlust:
Andornkraut, Goldpulver, Gundel-
rebenkraut, Dostmischpulver,
Goldpulver, Weihrauch

Geistesbesessenheit:
Walleber, Walfleisch,
Bibernellwurzel

Gelbsucht:
Brunnenkresse, Aloepulver,
Bärwurz, Gänsefingerkraut,
Pfennigkrautmischung

Gicht:
Gewürznelken, Stabwurz,
Goldkurwein, Hirschleber,
Petersilien-Rosenölpackung

**Gift (Lebensmittel/
allergische Reaktionen):**
Wal-Lungen-Leberpulver,
Maulbeerelixier, Petersilie,
Ringelblume

Harnverhaltung:
Rainfarnelixier

Haut, fleckige, aussätzige:
Pfirsichbaumsaft, Salzheringslake,
Quendel, Hasengalle,
Buchsbaumsaft

Hautreaktion, brennende:
Quendel, Quitte, Schöllkraut,
Salzheringslake

Herzschmerzen:
Galgant, Diptampulver, Enzian-
wurzelpulver, Lilie, Königskerze,
Muskatnuß, Fencheltrank,
Petersilien-Honigwein

Hörschwierigkeiten:
Andornkraut, Goldpulver,
Gundelrebenkraut

Infektionen:
Salbei-Wein, Basilikumkraut,
Dinkel, Beifußhonig, Quitte,
Rote Rüben

Insektenstiche:
Rinds-/Kalbsfußsuppe,
Wegerichsaft

Intellektstärkung:
Edelkastanienextrakt,
Brennesselöl, Muskat-Zimt-
Nelkenmischung

Jähzorn:
Gemischtes Lattichpulver,
Mispelfrucht, gelöschter Wein,
Edelkastanienextrakt

**Körperreaktion,
brennende:**
Quendel, Quitte, Schöllkraut,
Salzheringslake

Körperverletzung:
Schafgarbenblätter,
Vogelmierenblätter

Konzentration:
Muskat-Zimt-Nelkenmischung,
Veilchenelixier, Brennesselöl

Kopfschmerzen:
Aloemischpulver, Galgant,
Apfelknospenöl, Eibischkraut

**Kopfschmerzen,
krankheitsbedingt:**
Pellargonienmischpulver,
Apfelknospenöl, Lorbeerfrucht,
Muskatellersalbei.

**Kopfschmerzen,
rheumatische:**
Bärwurzbirnhonig, Lorbeerfrucht,
Muskatellersalbei

Kropf:
Liebstöckelmischung, Eisenkraut,
Lerchenpulver

Lachzwang:
Kubebenfrüchte, Muskatnußzucker

Läuse:
Balsamkrautfett

Liebeswahn:
Myrrhe, Steinbeißerpulver,
Sperberflaumfedern

Magen-Darmfieber:
Lorbeerfrucht, Goldwein

172

Magenleiden:
Brachsen-Fischfleisch, Fenchel,
Liebstöckel, Käsepappelkraut

Magenschmerzen:
Sanikelkraut/-tee, Schlehen-
früchte, Tannensalbe, Welsleber,
Weinraute-Salbeimischung,
Fenchel, Hirschfleisch, Ingwer-
Mischpulver, Kornelkirsche,
Krauseminze, Salbei,
Hagebuttenmark, Edelkastanie,
Fenchel-Liebstöckelmischung

Milzleiden:
Edelkastanien, Edelkastanienhonig, Spindelbaumfrüchte

Mondsucht:
Balsamkräutertee, Betonikakraut

Nasenbluten:
Dill-Schafgarbenpulver

Nesselsucht:
Buchsbaumsaft, Linsenkraut,
Maulbeerblätter

Ohnmachtsanfälle:
Nachtschattenkraut

Rheumatische Beschwerden:
Gewürznelken, Hirschleber,
Petersilien-Rosenölpackung

Rinderpest:
Walknochenpulver

Schlaganfall:
Schlehen in Honig, Tausendgüldenkraut, Gewürznelken

Schnupfen:
Fenchelkraut, Dillkraut, Pellar-
gonienmischpulver, Andorn-
Königskerzenmischung

Schwächeabwehr:
Gemischtes Lattichpulver,
Mispelfrucht, Edelkastanienextrakt

Schwächezustände:
Habichtskrautmischung,
Lattichpulver, Mispelfrucht

Schüttelfrost:
Aloemischpulver, Basilikumkraut

Schwellungen:
Erlenblätter, Veilchenöl/-salbe,
Tannensamen

Sehschwäche:
Lindenblätter, Odermenning,
Wildgansgalle

Seitenschmerzen:
Leinsamen, Galgantwurzelwein,
Mariendistel, Petersilien-Honig-
wein, Lorbeeröl

Selbstvertrauen:
Königskerzenmischung,
Straußenleber

Sinnestäuschung:
Iriswurzelmischung, Poleiminze,
Betonikakraut

Speichelfluß:
Zimtwein, Silberwein,
getrocknete Türkenbundlilie

Stimme:
Königskerzenmischung,
Straußenleber, Rosenlakritze

*Stimmungs-
schwankungen:*
Walfischlunge, Dinkel

Stockschnupfen:
Fenchelkraut, Dillkraut, Andorn-
Königskerzen-Mischpulver,
Pellargonien-Mischpulver

Streitsucht:
Eibenholz, Farnkraut

Taubheit:
Andornkraut, Goldpulver,
Gundelrebenkraut,
Dostmischpulver, Weihrauch

Tobsucht:
Walfleisch, Kubebenfrüchte,
Hirschhornmischung,
Bibernellwurzel, Myrrhe

Vergiftung:
Maulbeerelixier, Ringelblume,
Petersilie, heißer Stahl

Verschleimung:
Zimtwein, Silberwein,
getrocknete Türkenbundlilie

Verstandesschärfung:
Edelkastanienextrakt,
Muskat-Zimt-Nelkenmischung

Verwirrung:
Bibernellwurzel, Farnkraut,
Walfleisch

Wetterfühligkeit:
Walfischlunge, Dinkel

Wissensfestigung:
Quendelkrautpulver, Rettich-
pulver, Weihrauch,
Muskat-Zimt-Nelkenmischung

Wollust:
Myrrhe, Sperberflaumfedern,
Steinbeißerpulver

Wunden:
Dinkel, Beifußhonig, Salbei-Wein,
Quitte, Rote Rüben

Zornabbau:
Edelkastanienextrakt, Ulmenholz,
gelöschter Wein

Mineralogische Begriffserklärungen

Aktinolith
Magnesiumreiches grünes Mineral, auch Strahlstein genannt.

Basisches Gestein
Magmatisches Gestein, das zwischen 45 und 52 Gewichtsprozent Siliciumdioxid enthält und größtenteils aus calciumreichem Plagioklas und Pyroxen bei fehlendem Quarzanteil besteht.

Conchyn
Organische hornähnliche von der Muschel produzierte Bindemasse während der Bildung der Perle.

Detritisch
Sedimentgestein, das aus zerriebenem Gesteinsmaterial und Organismenresten besteht.

Dodekaeder
12-flächiges Kristallsystem (Zwölf-Flächner).

Einschluß
Während des Kristallisierungsprozesses eingeschlossene Gasblasen, Flüssigkeitströpfchen und/oder feste Substanzen (z. B. Bernstein).

Erosion
Erdabtragung durch Wasser, Eis und Wind.

Feldspat
Häufigstes Mineral der Ergußgesteine. Besteht aus einer komplexen Struktur von Aluminiumsilicat, ferner Calcium, Kalium, Natrium, z. T. Barium.

Gang
Tiefengestein, das die umliegenden Steine nach mehreren Richtungen durchdringt; kann viele Kilometer lang sein.

Geode
Blasenhohlraum eines Ergußgesteins, der völlig oder teilweise mit kristallisierten Mineralen gefüllt ist (z. B. Achat).

Hexaeder
6-flächiger Kristallsystem (Sechs-Flächner).

Hydrothermales Gestein
Aus heißen Wasserlösungen entstanden.

Kalkstein
Sedimentäres Gestein, das hauptsächlich aus Calcit (Calciumcarbonat) besteht.

Kontaktmetamorphose
Gesteinsumbildung, die durch das Eindringen von heißem Magma in kälteres Gestein verursacht wird.

Kryptokristallin
Erst bei mikroskopischer Untersuchung als kristallinisch erkennbar.

Magma
Glutflüssige Silicatschmelze im Erdinnern, die unterschiedlich flüchtige Komponenten enthalten und Erstarrungsgesteine bilden.

Mantelepithel
Gewebeschicht im Muschelkörper.

Metamorphose
Umbildung und Neubildung von Mineralien in tieferen Schichten der Erdkruste; verursacht von Druck, Temperatur, Hitze und chemischen Faktoren.

Mohshärte
Nach dem deutschen Mineralogen F. Mohs benannte Skala zur Bestimmung der Härtegrade von Mineralien.

Paragenese
Gesellschaft von Mineralen, die an demselben Fundort unter den gleichen physikalisch-chemischen Bedingungen nebeneinander entstanden sind.

Pegmatit
Grobkörniges Gestein mit Hauptbestandteilen wie Feldspat, Quarz und Glimmer. In den Hohlräumen und Drusen von Pegmatiten finden sich zahlreiche Edelsteinminerale in gut ausgebildeten, häufig großen Kristallen aufgewachsen.

Postvulkanisch
Auf den magmatischen Prozeß folgende Vorgänge.

Pneumatolyse
Wirkung von Gasen einer Schmelze auf das Nebengestein und die erstarrende Schmelze selbst.

Prismatisch
Säulenförmige Kristallform.

Pyroxen
Zur Gruppe der Eisen-Magnesium-Silicate gehörendes gesteinsbildendes Mineral, das hauptsächlich in basischen und ultrabasischem Tiefengesteinen und in einigen metamorphen Gesteinen zu finden ist.

Regionalmetamorphose
Weiträumige, von der Temperatur
abhängige Gesteinsumwandlung.

Rhomboedrisch
Von sechs Rhomben begrenzte
Kristallform.

Saures Gestein
Ergußgestein, das mehr als 66 %
Silicium oder mehr als 10 % freien
Quarz enthält.

Silicate
Siliciumhaltige, sehr artenreiche
Mineralgruppe, die ca. 95 % der
Erdkruste aufbaut.

Sphärolith
Kugeliger Stein

Tetragonal
Viereckiges Kristallsystem mit drei
senkrecht aufeinanderstehenden
Achsen, bei dem die Hauptachse
kürzer oder länger ist als die
Nebenachsen.

Trigonal
Kristallsystem mit dreizähliger
Symmetrieachse.

Literatur

Die umfassenden Werke der Hildegard von Bingen

Scivias – Wisse die Wege
(geschrieben 1141- ca. 1146)
Inhalt: Theologisch.
Einblick und Orientierungshilfe in Glaubenshintergründe.
Behandelt werden viele aktuelle Themen, z. B. die Aufgaben des Priesters, Ehelosigkeit, die Rolle der Frau in der Kirche.

Liber compositae medicinae (Causae et curae) –
Ursachen und Behandlung der Krankheiten/Heilkundebuch
(geschrieben 1151-1158)
Inhalt: Medizinisch-natur-heilkundlich mit religiösen Aspekten.
Visionen vom Ursprung aller Krankheiten stellen dar, warum Krankheiten entstehen und welche Rollen innere und äußere Einflüsse (Seele, Mond etc.) spielen.
Beschrieben werden Körperfunktionen und Krankheitsbehandlungen.

Liber simplicis medicinae (Physica) – Heilkraft der Natur
(geschrieben 1151-1158)
Inhalt: Neun Schriften umfassende naturheilkundliche Betrachtungen.
Beschrieben wird die Natur und ihre Kreaturen unter dem Aspekt ihrer Heilwirkung bzw. teilweise auf ihre Schädlichkeit hin.
Die Physica beleuchtet in neun Kapiteln die Themen Pflanzen, Elemente, Bäume, Edelsteine, Fische, Vögel, Tiere (verschiedene), Reptilien, Metalle.

Liber vitae meritorum – Buch der Lebensverdienste
(geschrieben 1158-1163)
Inhalt: Theologisch mit medizinisch-psychologischen Aspekten.
Beschrieben ist die Auseinandersetzung des Menschen mit negativen und krankmachenden seelischen Lastern.
Gegenübergestellt werden positive und gesundheitsfördernde Tugenden.
Ferner wird das Fasten nach Hildegard und sein religiöser Hintergrund dargestellt.

179

Liber divinorum operum - Buch der Gotteswerke
(geschrieben 1163-1173)

Inhalt: Theologisch.
Der Mensch als Abbild des Kosmos und die Verbindung von Mikro- und Makrokosmos werden dargestellt.
Hildegard vermittelt Visionen des Menschseins in Vernetzung mit dem ökologischen Gleichgewicht und zeigt, wie jeder Aspekt in Körper, Geist und Seele von einem entsprechenden Element des Makrokosmos beeinflußt wird.

Übersetzte und erläuternde Literatur zur hl. Hildegard

Scivias – Wisse die Wege
übersetzt und herausgegeben von Walburga Storch OSB, Augsburg 1990

Physica – Heilmittel
übersetzt von Marie-Luise Portmann, herausgegeben von der Basler Hildegard-Gesellschaft 1983

Causae et curae
übersetzt und erläutert von H. Schipperges, Salzburg, Neudruck durch Basler Hildegard-Gesellschaft 1980

Liber divinorum operum – Das Buch der göttlichen Werke
übersetzt von Pater Suso Holdener

Liber vitae meritorum - Das Buch der Lebensverdienste
übersetzt und erläutert von H. Schipperges, Salzburg 1972

Mönche Gottfried und
Theoderich
*Das Leben der Heiligen
Hildegard*
Otto Müller Verlag, Salzburg 1980
ISBN 3-7013-0608-7

Hans Liebeschütz
*Das allegorische Weltbild
der Heiligen Hildegard
von Bingen*
Wissenschaftliche Buchgesell-
schaft, Darmstadt 1964

Peter Riethe
*Naturkunde Hildegard
von Bingen*
Otto Müller Verlag, Salzburg 1974
ISBN 3-7013-0258-8

*Literatur
zur Edelsteinmedizin
der hl. Hildegard*

Peter Riethe
Das Buch von den Steinen
Otto Müller Verlag Salzburg 1986
ISBN 3-7013-0593-5

Dr. Gottfried Hertzka/
Dr. Wighard Strehlow
*Die Edelsteinmedizin der
heiligen Hildegard*
Bauer Verlag, Freiburg 1988
ISBN 3-7626-0294-8

Reinhard Schiller
*Atlas der Edelsteine und
Metalle*
Pattloch Verlag 1993
ISBN 3-629-00071-1

*Literatur
zur allgemeinen
Hildegard-Medizin*

Dr. Gottfried Hertzka
*Das Wunder der Hildegard
Medizin*
Christiana Verlag,
CH-Stein am Rhein 1981
ISBN 3-7171-0741-0

Dr. Gottfried Hertzka/
Dr. Wighard Strehlow
Große Hildegard-
Apotheke
Bauer Verlag, Freiburg 1989
ISBN 3-7626-0369-3

Ellen Breindl
Das große
Gesundheitsbuch der
Hl. Hildegard von Bingen
Paul Pattloch Verlag,
Aschaffenburg 1983
ISBN 3-55791-248-5

Dr. Gottfried Hertzka/
Dr. Wighard Strehlow
Küchengeheimnisse der
Hildegard-Medizin
Bauer Verlag, Freiburg 1984
ISBN 3-7626-0288-3

Aljoscha A. Schwarz/
Ronald P. Schweppe
Hildegard-Medizin
Ernährung, Heilweisen,
Edelsteintherapie
mvg Verlag, München 1995
ISBN 3-478-08520-9

Literatur zur
aktuellen Steinheilkunde

Evelyn Thomsen
Die spirituelle Wellnesskur
Edelsteine, Edelsteinkosmetik,
Farbtherapie, Farbfrischkost
und Farbdrinks
Windpferd Verlag Aitrang 1997
ISBN 3-89385-179-8

Susanne Franzen/Rudolf Müller
Vital und gesund durch
Farben & Edelsteine
Südwest Verlag 1994
ISBN 3-517-01494-X

Sofia Sienko
Der Steinschlüssel
Windpferd Verlag Aitrang, 1995

Helmut Hofmann
Edelsteintherapie
kurz & praktisch
Bauer Verlag 1995
ISBN 3-7626-1104-1

Literatur zur
Mineralogie

Carl W. Correns
Einführung in die
Mineralogie
Kristallographie und Petrologie
Springer-Verlag, Berlin 1968

Werner Lieber
Mineralogie in
Stichworten
Hirt Verlag 1969
ISBN 3-55480-101-1

Duda - Rejl - Slivka
Mineralien
Naturbuch Verlag 1992
ISBN 3-89440-005-6

Paul E. Desautels
Edelsteine, Perlen, Jade
Ott Verlag ,Thun 1973
ISBN 3-7225-6229-5

Jiri Kourimsky/Frantisek Tvrz
Welt der Mineralien
Bertelsmann Lexikon-Verlag 1977
ISBN 3-570-05402-0

Kontaktadressen und Bezugsquellen

Über diese Adressen können Sie näheres über Veranstaltungen, Seminare, Bücher etc. über Hildegard von Bingen erfahren. Es sind außerdem einige Geschäfte genannte, die sich auf Hildegard-Produkte (z. B. Edelsteine, ferner Dinkelprodukte, Kräuter, Gewürze, Wein usw.) spezialisiert haben.

Förderkreis
Hildegard von Bingen
c/o Marc Schindler
Am Rain 4
78467 Allensbach
Tel. und Fax: 07533/1658

Katholische Akademie
Postfach 947
79009 Freiburg
Tel. 0761/31918-0
Fax. 0761/31918-11

Hildegard-Kreis Würzburg/Aschaffenburg
Am Gehäg 9
97840 Hafenlohr

Hildegard-Kreis Düsseldorf
Brinellstr. 34
40627 Düsseldorf

Jura-Naturheilmittel
Nestgasse 2
78464 Konstanz

Schleiferstüble
Wessenbergstr. 31
78462 Konstanz

Österreich

Bund der Freunde Hildegards
Am Weinberg 23
A- 4880 St. Georgen

Erholungsheim St. Hildegard
Helenenstr. 5
A-2500 Baden bei Wien

Schweiz

Internationale Gesellschaft
Hildegard von Bingen
CH - 6390 Engelberg

Hildegard Vertriebs AG
Aeschenvorstadt 24
CH- 4010 Basel